인생을
바꾸는
질문들

Meine Reise zu mir selbst:
Finde die Antwort in dir selbst, die dir sonst niemand beantworten

진정한 변화는 자신을 아는 것에서 시작된다

인생을
바꾸는
질문들

자브리나 플라이슈 지음

배명자 옮김

design **house**

●

모든 답은 당신 안에 있다.
바르게 묻기만 하면 된다.

자신을 아는 것이 열쇠다

어떤 사람은 영웅이 되고 어떤 사람은 범죄자가 된다. 왜 그럴까? 한집에서 나고 자라 같은 경험을 한 두 형제가 어째서 전혀 다른 사람이 될까? 어떤 사람은 정신병을 앓고 어떤 사람은 의연하게 모든 것을 이겨 낸다. 왜일까? 어째서 어떤 사람은 중독의 덫에 걸리고 어떤 사람은 아닐까? 몇몇만 성공하고 그 외 다수가 성공하지 못하는 까닭은 무엇일까? 누가 행운을 잡을까? 과연 그들은 행운을 잡을 자격이 충분할까, 아니면 그저 요행일까? 오늘날 왜 그렇게 많은 사람이 만성 스트레스에 시달릴까?

어떤 요인들이 우리의 의식적·무의식적 행동에 영향을 미칠까? 우리는 왜 지금의 우리가 되었을까? 왜 지금처럼 행동할까? 나는 줄곧 이 물음들의 대답을 찾고 있다.

인간을 이해하고 싶은 동기에 두려움 및 스트레스 관리 전문가로 일하며 얻은 경험을 더해 이 책을 쓰게 되었다. 나는 사고 습관과 행동과 두려움의 연관성 및 동기들을 수집했다.

자신을 아는 것이 열쇠다. 자신에게 올바른 질문을 하여 자신을 (더 잘) 이해하는 법을 배워야 한다. 사고 습관과 각인된 기본 관념 그리고 행동의 원인을 알아내야 한다. 더 만족하며 행복하게 살고 싶다면 자신을 알고 자신을 제어할 수 있어야 한다.

> *행동은 겉으로 드러난 징후일 뿐이다.*
> *행동을 바꾸고 싶다면 행동의 원인을 바꿔야 한다.*

모든 행동에는 원인, 이른바 동기가 있다. 이 개념을 우리는 특히 추리 소설에서 만난다. 추리 소설에서도 살인은 그저 겉으로 드러난 징후일 뿐이다. 이런 잔혹한 행동의 동기는 다양할 수 있다. 거액의 돈, 치정, 살인을 저지를 만큼 강렬한 복수심 혹은 단순한 분노 조절 장애.

우리는 대개 행동의 동기를 의식하며 살진 않지만, 모든 행동에는 그것을 유도하는 동력이 있다. 어떤 동력이 우리를 조종할까? 지금까지 어떤 동력이 당신을 조종했을까? 변하고 싶지만 변할 수가 없다는 하소연을 나는 자주 듣는다. 그들은 변화에 실패하고 그런 자신에게 화를 내고 실망과 좌절로 깊은 슬픔에 빠지거나 심지어 무력감을 느낀다. 자신과 삶을 바꾸지 못하는 자신의 무능함에 실망한 나머지 스스로를 '덫에 걸린 무방비 상태의 나약한 존재'로 여긴다. "나는 무능해. 이렇게 태어난 걸 어쩌겠어." 실패를 해명하는 완벽한 핑계다. 이런 핑계 뒤에 숨어, 자기 행동에 대한 책임과 권한을 스스로 포기한다.

변하고 싶지만 변하지 못한다. 왜일까? 이유는 간단하다. 행동은 생각의 결과로 드러난 징후에 불과하다. 징후는 아주 다양할 수 있고 원인 역시 그에 못지않게 아주 다양하다. 두통이라는 징후의 원인은 스트레스, 수분 부족, 날씨, 비염,

뇌종양일 수 있다. 자, 이제 두통을 없애려면 어떻게 해야 할까? 징후만 봐선 안 된다. 문제의 뿌리, 근원까지 제거해야 한다. 원인을 알아야 휴식과 이완으로 스트레스성 두통을 없앨지, 뇌수술로 악성 종양을 제거할지 결정할 수 있다.

그러나 징후의 원인이 제거되거나 치료되거나 바뀌는 일은 드물다. 많은 이들이 변하고 싶다고 하면서도 변하지 못하고 악순환을 깨지 못하는 이유가 바로 여기에 있다. 행동을 바꾸려면 행동의 원인인 생각을 바꿔야 한다.

이것으로 우리는 다시 잠재해 있는 동력으로 돌아왔다. 그동안 해 왔고 앞으로도 하게 될 모든 행동의 기본 동기로. 특정 행동을 유도하는 기본 동기를 모르면 삶을 능동적으로 설계하고 실천하고 바꾸는 대신 그저 외부 상황에 수동적으로 반응할 뿐이다.

왜 우리는 목표, 소망, 과제를 뒤로 미룰까? 왜 우리는 원하는 대로 살지 못할까?

이유는 간단하다. 행동의 긍정적 결과보다 부정적 결과가 더 크게 보여 결국 행동하지 않기로 결정하기 때문이다. 시험, 대출 만기, 세금 납부, 시댁 방문 같은 중대한 일정이 점점 다가올 때, 이 행위의 장점보다 단점이 훨씬 더 커 보인다. 예상되는 부정적 결과가 계속해서 이 행위를 피하고 미루게 한다. 이 내용은 2장에서 상세히 다룰 예정인데, 우리는 행동의 원인을 찾아내 미래를 위해 무엇을 유지하고 무엇을 영구히 버릴지 결정하게 될 것이다.

그러나 그보다 먼저 1장에서 목표와 소망을 다루며, 당신이 꿈꾸는 행복한 삶이 어떤 모습인지 집중적으로 살필 예정이다. 그래야 그런 삶을 살기 위한 전략을 짤 수 있을 테니까. 3장에서는 행복의 조건이 무엇인지 점검할 것이다.

또한 6장에서는 이 책과 떠나는 여정의 출발점을 명확히 하고, 무엇이 도움이 되고 무엇이 걸림돌인지 알기 위해 당신의 강점과 약점을 조사할 것이다. 7장에서는 실수를 대하는 올바른 자세를 배울 것이다.

책을 읽어 나가는 과정에서 당신은 계속해서 두려움과 직면하게 될 것이다. 4장에서 이 두려움이 어디에서 왔고 어떻게 당신 안에 퍼졌는지, 그리고 어떻게 이것에 대항하고 이겨 낼지 배울 것이다.

과거의 경험이 현재의 우리를 만들었다. 그러나 현재의 우리를 미래까지 유지할지는 우리 손에 달렸다. 우리의 의식적·무의식적 행동 방식은 고통이나 평안과 연결된 다양한 감정 요인에 좌우된다. 창피한 상황? 부정적인 첫 경험? 부모, 형제, 선생님, 연예인, 소꿉친구, 이웃, 롤모델 등이 무심코 던진 한마디? 당혹스러운 순간, 실수한 순간, 속수무책의 상황에서 겪은 일? 언제나 처음 겪는 일이 가장 중요하다. 그것은 오랫동안 인생에 자국을 남긴다. 처음 스키를 탄 날, 학교에 입학한 날, 첫 키스, 첫사랑, 첫아이, 첫 번째 결혼. 이런 첫 번째 경험은 깊이 각인되어 이후의 삶에서 자동적 평가의 바탕이 된다.

우리는 생각을 잘 바꾸지 못하는데, 그렇게 진화되었기 때문이다. 진화는 우리가 위험한 상황에 두 번 처하지 않도록 기억력을 주었다. 첫 번째 시도로 끔찍한 결과를 맞이했다면 두 번째 시도를 꺼릴 것이다. 첫 번째 연애가 아픔, 눈물, 불신, 거짓말로 끝났다면 이 기억은 어쩔 수 없이 이후의 연애에도 영향을 미칠 것이다. 우리는 다른 모든 경험을 첫 번째 경험과 비교한다. 이것은 기존의 내 생각과 일치하고 보강하는가? 대부분의 경우, 우리의 인식이 우리를 속이기 때문에 우리는 자신의 생각이 옳았음을 재확인받고 자신의 확고한 견해와 잘 맞도록 세상을 구성하려 애쓴다.

이 책은 타임머신을 타고 과거로 돌아가 당신의 현재 생각과 행동이 어디에서 비롯되었는지 조사할 것이다. 5장에서는 자동화된 사고 습관이 어디에서 학습되었는지 밝혀내고, 이것을 즉시 알아차리고 중단하고 장기적으로 바꿀 방법을 모색할 것이다.

이 책의 내용을 실천하기 위해서는 무엇보다 당신 자신과 당신의 문제 해결 능력을 믿고, 확신과 자신감을 가져야 한다. 9장에서는 셀프 테스트를 통해 당신이 현재 얼마나 자기 결정적으로 살고 있고, 외부 상황에 얼마나 의존적이며, 과거의 영향을 얼마나 강하게 받고 있는지 알아볼 것이다.

전 세계의 모든 사람이 "내 삶에 만족하고 행복하다"라고 자신 있게 말할 수 있기를 바라므로, '삶의 질' 주제에 한 장을 할애했다. 8장에서는 행복한 삶의 구성 요소를 배우고 자기 자신을 점검하게 된다.

끝으로 이 책은 무에서 유를 창조할 수는 없다는 모토를 내건다. 이 모토는 업무뿐 아니라 휴식과 이완에도 똑같이 적용된다. 휴식과 이완을 위해 적극적으로 뭔가를 해야 한다. 휴식과 이완을 위해 아무것도 하지 않으면 아무것도 누릴 수 없다. 마지막 장에서 에너지를 충전할 원천을 찾을 뿐 아니라, 휴식과 이완을 누릴 방법도 탐색한다.

획기적 깨달음과 큰 기쁨, 긍정적 변화가 당신에게 있기를!

| 이 책의 사용법 |

당신은 이 책을 읽는 동시에 집필해야 한다!

자신에 관해 더 많이 알고, 두려움과 스트레스를 없애고, 생각과 감정과 행동을 더 잘 이해하는 것이 목표다. 당신은 자신이 원했던 사람이 되고 만족스러운 삶을 살게 될 것이다.

당신은 이 책을 읽고 집필하는 과정에서 모든 문제의 해결책을 스스로 찾게 될 것이다. 이 책은 모두에게 정답을 알려 주는 책이 아니다. 모두를 위한 정답은 없기 때문이다. 그래서 모두가 자신만의 정답을 찾는 데 가장 효과적인 연습과 질문들을 모아 두었다. 질문에 솔직하게 답하기가 항상 쉽지는 않겠지만 그렇게 해야 목적지에 도달할 수 있다. 올바른 질문만이 전진하게 하고, 해결책을 보여 주고, 필요한 동기와 편안한 휴식을 주기 때문이다. 올바른 질문과 올바른 사고방식은 장기적으로 유익한 박차를 가할 것이다.

한 단계 한 단계 연습하다 보면 자신과 자기 행동을 더 잘 이해하고 개선하게 되고, 변화의 동력과 실천 에너지를 자기 안에서 찾게 될 것이다. 모든 질문에 최대한 정확히 대답하려면 시간을 내서 찬찬히 연습에 임하고 스스로 의욕을 가지는 것이 중요하다. 시간을 충분히 가지고 질문을 읽고 진지하게 답해라. 앞으로 4주 혹은 10주(속도가 느리다면) 동안 이 책에 담긴 연습을 중요한 일정으로 삼아라.

자신에게 하는 질문들이 미래를 결정할 것이다.

이 책은 일종의 워크북으로 모든 종류의 개인적 도전 과제를 해결하도록 구성되었다. 당신은 이 책을 통해 올바른 답을 찾고 실효성 있는 계획을 세우고 실천하게 될 것이다. 사람은 저마다 다르므로 각자에게 맞는 도구를 손에 쥘 수 있도록 다양한 방법, 테스트, 응용 사례들을 준비했다.

확실성, 명확성, 만족, 삶의 동기를 찾기 위해 스스로 답해야 하는 기본 질문이 있다. 곧바로 답하지 못해도 괜찮다. 그러나 답을 찾기 위해 시간을 내야 한다. 우리는 다음의 질문들을 차근차근 상세하게 다룰 예정이다.

- 나는 누구인가?
- 내가 원하는 것은 무엇인가?
- 지금 하는 이 일을 왜 하는가?
- 다른 사람들이 보기에 현재 나는 어떤 사람인가?
- 나는 어떤 사람이 되고자 하는가?
- 그런 사람이 되는 데 방해가 되는 것은 무엇인가?
- 나는 무엇을 믿는가?
- 나의 두려움과 스트레스의 방아쇠는 무엇인가?

- 두려움과 스트레스를 다루는 올바른 방법은 무엇인가?
- 어떻게 하면 학습된 태도를 버릴 수 있는가?
- 무엇이 내게 동기를 부여하는가?
- 무엇이, 누가 현재의 내 삶을 결정하는가?
- 어디에서 에너지를 충전하고 휴식을 얻는가?

중요한 일정에 임하는 자세로 이 책을 읽어라. 조용한 배경음악, 촛불, 편안한 소파, 포근한 담요, 무엇이든 좋다. 당신의 미래를 위해 작업할 안락한 분위기를 만들어라.

일주일에 3, 4회 정도 집중해서 작업하는 것이 좋다. 그러니 이제 이 책과의 데이트를 일정표에 기록해라. 지금 당장! 말했듯이 이 책은 워크북이다. 그러니 작업해라.

당신을 위한 시간을 얼마나 낼 수 있고, 언제 당신 자신과 데이트를 하고자 하는가?

일정

_____

_____

빈도

_____

날짜, 시각, 시간

_____

다이어리에 기록했나?　　예 □

이 데이트를 어떻게 구성하고자 하는가?

_____

_____

_____

_____

　　내가 왜 이 책을 워크북이라고 했는지 이제 이해가 되었으리라. 행복하고 성
공적이고 바람직한 삶을 위해 당신은 이 책을 함께 집필해야 한다.

　　장담하건대 이 책을 끝까지 꼼꼼히 읽고 실천한다면 삶이 근본적으로 바뀌
고, 사고방식이 달라지고, 관점이 혁신될 뿐만 아니라 행복감과 자신감은 물론이
고 마음의 평화도 얻게 될 것이다.

　　이 책에서 최대한의 성과를 얻기 위한 방법은 다음과 같다.

- 모든 질문에 꼼꼼히 답해라.
- 모든 빈칸을 채우려 노력해라.

- 언제나 완결된 문장으로 답해라.

- 시간을 내서 상세히 답해라.

- 중요한 깨달음은 늘 볼 수 있도록 종이에 적어 벽에 붙여 두어라.

- 유익하고 중요한 질문들을 일상적으로 계속 자문해라.

- 순서대로 모두 작성하고 어떤 연습도 건너뛰어선 안 된다.

- 정답도 없고 오답도 없다.

- 작성한 다음 날에는 쉬어라.

- 자신에게 너무 엄격해선 안 된다. 어린아이나 친구를 대하듯이 다정하게
  대해라.

차례

7 ✦ 어떻게 역경에 대처할 수 있을까?

8 ✦ 행복하려면 무엇이 필요한가?

9 ✦ 인생의 주인으로 살고 있는가?

10 ✦ 원하는 것을 얻기 위해 노력하는가?

1

꿈꾸는 삶이 있는가?

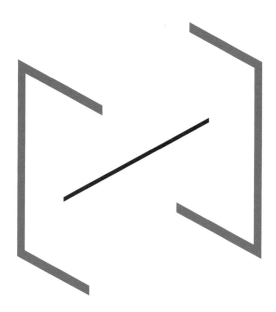

호스피스 병동의 암 환자에게 가장 후회되는 일이 뭐냐고 물었을 때, 환자들의 대답은 거의 일치했다. 다시 과거로 돌아갈 수 있다면 일에 너무 많은 시간을 쓰지 않고 소중한 친구와 가족을 위해 더 많은 시간을 내겠다고 했다. 어떤 사람에게는 공감하지 못할 대답이겠지만, 바라건대 당신에게는 깊이 생각해 볼 계기가 되었으면 한다.

지금 이 순간에 만족하고 지금 느끼는 이 감정에 감사하며 행복하게 살고 있는지 더 자주 자신에게 물어야 한다. 아침에 점심시간을 고대하고, 점심시간이 끝나면 퇴근을 고대하고, 퇴근 후에는 주말을 고대하고, 주말에는 여름휴가를 고대하고, 여름휴가 때는 은퇴를 고대한다. 그리고 은퇴 후에는, 살면서 고대만 했을 뿐 아무런 기쁨도 누리지 못했음을 깨닫는다.

우리는 즐기기 위해 새로운 스포츠를 시작한다. 초보자이므로 다른 사람보다 실력이 형편없는 것이 당연한데도 타인과 비교하며 재미를 잃는다. 단순히 즐기며 재미를 만끽할 수 있다면 얼마나 좋을까. 뒤에 제시된 연습을 통해서 당신이 어떻게 시간을 쓰고 행복한 시간을 얼마나 자주 보내는지 확인할 것이다.

목표는 삶에 의미를 부여한다. 그러므로 삶의 의미를 찾으려면 목표를 먼저 찾아야 한다.

목표가 생기면 행동이 변한다

이미 여러 책에서 읽어 알고 있겠지만, 모든 계획에서 가장 중요한 것이 바로 목표다. 목표가 있어야 의욕도 생긴다. 목표는 길을 제시하고, 발전을 확인할 수 있게 해 준다. 그러므로 이 여정의 출발점에서 우리는 먼저 당신이 가야 할 목적지, 즉 목표를 찾은 다음 그곳을 향해 함께 길을 나설 것이다.

만족스러운 삶을 위해서는 행복을 추구할 이유와 삶의 의미가 필요하다. 살아가는 의미가 없고 긍정적 에너지와 힘을 주는 목표가 없으면 아무도 침대에서 나오지 않고 아무도 일하러 가지 않으며 손가락 하나조차 움직이고 싶지 않으리라. 허기, 갈증, 수면 등 기본 욕구를 채우는 생존 본능만으로는 행복하고 만족한 삶을 살 수 없다.

우리는 이유가 필요하다. 왜 사는지, 왜 우리가 의미 있고 중요한지 알려 주는 대답이 필요하다. 자기 성찰이든 업무든 간에 목표 없이 무작정 달려드는 작업은 무의미하다. 추구할 목표가 없는데 왜 굳이 에너지와 시간을 투자하겠는가? 왜 굳이 재미를 포기하면서까지 노력하고 애쓰겠는가? 목표가 없다면 노력한 보람이 있는지 어떻게 알겠는가? 언제 어디에서 무엇을 성취했는지 모른다면 어떻게 자부심을 느끼고 다른 과제를 수행할 동기를 만들어 내겠는가? 무엇을 위해 일하는지 모른다면 에너지를 쓸 수도 없고 좋은 결과를 기대할 수도 없다. 그럭저럭 대충 목표에 도달했다고 가정해 보자. 그렇더라도 당신은 만족감을 느끼지 못한다. 목표를 세우지 않았는데 어떻게 성취감을 느끼겠는가? 당신은 삶의 기쁨도 에너지도 얻지 못한다. 필요한 보상을 받지 못한다. 대충 도달한 목표는 만족감도

024

인생을 바꾸는 질문들

대충 주기 때문이다. 우리는 자신의 힘과 노력으로 도전했고 성취했음을 인정받아야 한다. 그래야 자신감이 높아지고 더 주체적으로 살 수 있다.

원하는 삶을 살고 있는가,

아니면 특정 조건이 마련될 때까지 기다리고 있는가?

어떤 도전 과제를 해내고 싶은가(완결된 문장으로 적어라)?

_____

_____

_____

_____

_____

_____

_____

_____

_____

_____

_____

_____

_____

이 책을 통해 해내고 싶은 도전 과제를 완결된 문장으로 기록하는 데 성공했는가? 쉽지 않았을 것이다. 도전 과제를 문장으로 기록했다면 그것만으로도 벌써 마음이 한결 가벼워졌으리라.

두려움과 무력감은 대개 불안감에서 온다. 어떤 문제를 명확히 규정할 수 없고 그것을 처리할 계획과 방법을 모를 때 우리는 불안감을 느낀다. 그러나 문제를 규정하고 그것을 겉으로 표현하면 계획과 방법이 개발될 수 있다. 그러면 불안감은 사라지고 목표에 더 가까이 간다.

무엇이 잘못 진행되고 있거나 방해하고 있는지를 밝히는 것은 잘하면서 정작 자신이 원하는 것을 표현하기는 힘들어하는 사람들이 많다. 욕망을 알아내고 꿈꿀 준비가 되었다면 다음의 연습이 도움이 될 것이다.

완벽한 삶을 꿈꿔라

내가 제대로 가고 있는지 점검하고 나의 가능성을 다시 한번 확인하고 상상력을 키우기 위해 나는 정기적으로 '요술 램프' 연습을 한다.

상상해 보자. 당신은 지금 사막을 걷고 있다. 태양이 작열하고 타는 듯한 뜨거운 모래바람이 매섭게 몰아쳐 얼굴을 할퀸다. 솟구친 모래 알갱이가 겉으로 드러난 맨살을 아프게 때린다. 매서운 바람에 눈을 거의 뜨지 못한 채 걷는다. 그때 저 앞에서 뭔가가 반짝인다. 바닥에서 뭔가가 햇살을 받아 눈부시게 반짝거린다. 서둘러 그쪽으로 가 보고 싶지만, 발이 뜨거운 모래 속으로 자꾸 빠져들어 발걸음을 옮기기가 쉽지 않다. 열기에 숨이 막히고 모든 걸음이 힘겹고 무겁다. 그런데도 반짝이는 물건이 너무 궁금하여 당신은 더 빨리 그곳에 도달하기 위해 안간힘을 쓴다. 반짝이는 물건은 모래에 파묻혀 있다. 당신은 한 발 한 발 내디뎌 마침내 그곳에 도달했고 햇빛을 반사하며 아름답게 빛나는 둥그스름한 황금빛 금속을 발견한다. 금속 끄트머리만 겨우 모래 사이로 보인다. 당신은 맨손으로 모래를 파기 시작한다. "앗! 뜨거워." 황금빛 물건은 몹시 뜨겁다. 옷소매로 물건을 감싸 밖으로 꺼낸다. 램프다. 아름다운 무늬의 정교한 장식이 감탄을 자아낸다. 아주 귀하고 오래된 물건처럼 보인다. 누가 잃어버린 걸까? 당신은 황금 램프를 손에 꼭 쥔다. 램프의 열기가 옷소매를 뚫고 전해진다. 옷소매로 조심스럽게 먼지를 닦아 내기 시작한다. 갑자기 램프 주둥이에서 기이한 연기가 솔솔 피어올라 하늘로 넓게 퍼진다. 은빛 연기가 이내 사람의 형상이 된다. 램프의 요정이다. "소원 세 가지를 이뤄 주겠노라. 말해라." 요정의 거친 음성이 울려 퍼진다.

램프의 요정이 당신의 소원을 이뤄 준다고 한다. 자, 곰곰이 생각해 보아라. 어떤 소원을 빌겠는가?

램프의 요정이 나타나 모든 소원을 들어 주는 상상을 해 보아라. 당신이 꿈꾸는 완벽한 삶은 어떤 모습인가? 뭐든지 다 이뤄질 수 있다면 어떤 소원을 빌겠는가? 맘껏 꿈꿔라!

_____

_____

_____

_____

1 + 꿈꾸는 삶이 있는가?

_____

_____

_____

_____

앞에 기록했던 도전 과제와 연관된 소원을 적었는가? 예를 들어 도전 과제에 '스트레스 해소'를 적었고 이제 '휴식'을 소원으로 적었는가? 혹은 도전 과제에 '살 빼기'를 적었고 소원으로 '5킬로그램 감량'을 적었는가? 아니면 도전 과제와 전혀 무관한 소원을 적었는가? 그렇다면 그 이유는 무엇인가? 당신이 우선적으로 이루고 싶은 것은 무엇인가? 당신에게 가장 중요한 것에 동그라미를 그려라.

몽상은 행복을 준다.

맘껏 상상하고 과감히 꿈꿔라. 의식적으로 그렇게 해라. 몽상을 즐기고 목표를 상상하는 사람은 목표를 이루든 이루지 못하든 더 행복하고 더 성공적으로 산다.

왜 그럴까? 상상할 때 생기는 좋은 기분이 안정감과 자신감을 주고 스스로 강하다고 느끼게 해 주기 때문이다. 꿈을 실현하는 데 꼭 필요한 모든 긍정적 감정과 행복 호르몬이 상상을 통해 분비된다. 이루지 못했을 때 겪을 실망이 두려워 소망이나 꿈을 맘껏 상상하지 못하는 경우가 많은데, 이루지 못할 것이라는 가정은 대부분 틀린 것으로 입증되었다.

좋은 기분으로 살기 vs. 아무런 기분도 느끼지 않고 살기. 어느 쪽을 택하겠는가? 당연히 좋은 기분으로 살기를 택할 것이다. 그리고 오직 당신만이 자신의 상상력으로 그렇게 살 수 있다. 실망할까 봐 두려워 가능성 자체를 없애 버린다면 자기 자신뿐 아니라 아름다운 축복의 순간도 버리는 것이다.

기대와 설렘은 사랑 못지않게 멋진 감정이고, 실제로 얻게 될 기쁨보다 더 강렬한 행복감을 준다. 좋아하는 음식을 기다릴 때의 기대감을 아는가? 곧 있을 여행이 주는 설렘은? 소풍을 고대할 때의 기분? 가장 좋아하는 취미? 크리스마스? 생일? 이때의 감정이 얼마나 멋지고 매력적인지 분명 알 터이다. 당신은 가장 아름다운 상상 속에 있고 온통 그 생각뿐이라 그 무엇도 당신의 기분을 망칠 수 없고 그 어떤 것도 당신을 아프게 할 수 없다. 상상 속에서 아름다운 영화가 펼쳐진다. 그러나 당신도 알겠지만 고대하던 순간이 오면 기쁨 그 자체는 오래가지 않는다. 기대가 충족되는 순간, 강렬했던 감정은 곧 가라앉는다.

어린 시절 크리스마스를 떠올려 보아라. 어떤 설렘으로 크리스마스를 기다렸는지 기억나는가? 산타클로스를 만날 생각에 잔뜩 들떴던 그때가 생각나는가? 마침내 크리스마스가 되고 사방에서 종이 울리고 축복의 인사를 주고받을 때, 기대감은 절정에 다다른다. 노래가 끝나고 선물을 뜯어보고 만찬이 끝나면 고조되었던 감정은 빠르게 가라앉는다. 선물을 뜯어보는 순간보다 그 순간을 기다릴 때의 강렬한 긴장과 설렘이 훨씬 더 좋았고 더 오래 유지되었다. 머릿속 상상이 언제나 현실보다 더 흥미롭고 더 화려하고 더 멋졌다.

좋아하는 음식을 한 입 먹자마자, 여행을 시작하자마자, 선물을 뜯자마자 강렬했던 감정이 빠르게 식는다. 고대하던 기쁨의 순간이 오자마자 다른 생각들이 계속 끼어든다. 여행을 시작하자마자 '이제 뭘 할까? 호텔까지 어떻게 가지? 잊은 건 없나? 가스 밸브를 잠갔던가?' 따위를 생각한다. 선물을 풀어 보는 즉시 기쁨이 식기 시작한다. 그 안에 뭐가 들었는지 이제 알아 버렸으니까.

두려움도 마찬가지다. 두려움과 스트레스는 실제로 상황이 벌어지기 전에 가장 강렬하고, 막상 그 상황이 되면 그런 감정들은 재빨리 뒤로 물러난다. 프레젠테이션 직전까지는 긴장감에 잠도 설치지만 프레젠테이션을 시작하는 순간 두려움은 사라진다. 청중의 반응을 살피고 적절한 어휘와 표현을 찾고 실력을 입증하는 데 집중하느라 두려움을 느낄 겨를이 없기 때문이다. 이제 이 원리를 능동적으로 삶에 활용하길 바란다. 기대와 설렘을 맘껏 누려라. 이런 멋진 감정을 느끼고 금세 사라질 두려움과 스트레스에 너무 오래 휘둘리지 말아라.

실망할까 두려워 차라리 기대하지 않겠는가? 아니면 어린아이처럼 기뻐하며 아름다운 순간을 상상하고 사랑하는 사람과 보낼 좋은 시간을 꿈꾸겠는가? 당신 주변에도 분명 크리스마스 한 달 전부터 집을 꾸미고 기뻐하며 파티를 고대하는 사람이 있을 것이다. 그 사람은 기대와 설렘의 힘, 생각의 힘을 활용할 줄 아는 사람이다. 기쁨을 얼마나 오래 강렬하게 느낄지는 오직 당신에게 달렸다.

당신의 생각이 당신의 세상을 만든다.

이 지점에서 우리 어른들은 아이들을 보고 배워야 한다. 아이들은 맘껏 꿈꾼다. 가수가 되기를 꿈꾸고, 엄마 아빠 놀이를 하고, 담요로 성을 짓고, 현관 앞에서 세발자전거를 타면서 멋진 오토바이로 도시를 달린다고 상상한다. 우리는 의식적으로 꿈꾸고 상상할 수 있다. 무엇이 당신에게 기쁨과 자신감을 주는지 안다면 그런 감정이 필요한 순간에 그것을 상상하면 된다.

설렘과 기대는 매우 중요한 감정이다. 그러므로 우리의 목표는 상상으로 자주 설렘과 기대를 느끼는 것이다. 어떤 상상과 추억이 당신을 기분 좋게 하는가? 혀에 느껴지는 짠맛, 맨발에 닿는 모래, 모든 소리를 삼키는 파도 소리, 바람에 흩날리는 머리카락 등 해변에서 보낸 멋진 휴가를 다시 추억할 때? 사랑받고 있음을 느끼게 해 준 친구나 애인의 잊지 못할 깜짝 이벤트? 어떤 추억을 떠올릴 때, 당시의 감정을 고스란히 느낄 수 있는가?

지금 다시 그때의 감정을 가능한 한 강렬하게 느낄 수 있도록 모든 감각을 총동원하여 그때의 추억을 기록해 보아라.

_____

_____

_____

_____

_____

_____

_____

_____

상상의 힘은 막대하다. 달리고 싶은 의욕이 떨어졌을 때 연쇄 살인범이나 좀비에게 쫓기고 있다고 상상해 보아라. 갑자기 힘이 솟고 전에 없이 빠르게 뛸 수 있으리라. 게다가 이런 무서운 상상은 재밌기까지 하다. 펭귄이 되어 남극에 있는 상상을 하면 40도 더위도 잊을 수 있다. 진짜다. 분명 효과가 있다!

우리는 기분과 의욕을 조종할 수 있다. 뇌가 있고 생각할 줄 아는 사람이라면 누구나 배울 수 있다. 어떻게 배우냐고? 러시아어, 수도 이름, 인체 해부학, 유머, 복식 부기, 다리 찢기 등 다른 것을 배우는 방법과 똑같다. 연습, 연습, 연습.

할 수 있다는 긍정적 사고와 끈기를 가지고 점차 강도를 높이며 꾸준히 반복 연습하기. 그것이 기본 공식이다. 혹시 신께서 깜빡 잊고 당신에게 상상력을 주지 않았나? 괜찮다. 어차피 영어 단어와 수학 공식 암기력도 안 주었고, 부모님을 설득하는 기술도 안 주었다. 애석하게도 신은 우리에게 음식을 씹어 삼키는 기술 말고는 아무것도 주지 않았다. 당신이 지금 할 수 있는 모든 능력은 살면서 시도하고 실패하고 반성하고 바꾸고, 다시 시도하고 적응하고 점검하면서 배운 결과다. 아무도 당신에게 배우자를 행복하게 하는 방법을 알려 주지 않는다. 상대가 무엇을 원하는지 알려 주지 않는다. 당신이 시간을 갖고 솔직한 대화를 통해 알아 나가야 한다. 당신을 행복하게 하는 것 역시 당신 자신과 나누는 솔직한 대화를 통해 배울 수 있다. 악기, 외국어, 낚시, 스포츠 등 당신이 무엇에 시간을 쏟았는지는 당신의 자유로운 결정이었다. 시간이 지나면서 경험이 쌓이고 학습 효과가 나타났다. 의욕이 넘쳤고 보상받는 기분이 들었기에 그것에 시간을 썼다. 이 기억이 뇌에 저장되었고, 당신은 언제나 기꺼이 그것을 했다.

뭔가에 많은 시간을 쏟았는데도 아무런 발전과 개선이 없는 사람을 본 적이

인생을 바꾸는 질문들

있는가? 아마 없을 것이다. 한 주제에 꾸준히 몰두했던 사람은 그 주제에서 발전할 수밖에 없다. 다섯 시간 동안 포토샵 프로그램에 몰두한 뒤에, 다섯 시간 전보다 나아진 게 없다고 말할 수 있을까? 정원 가꾸기에 관한 책을 다 읽은 뒤에, 정원 가꾸는 법을 전혀 모른다고 말할 수 있을까? 그렇게 자신에게 거짓말하며 불가능과 한계, 실패로 가득한 삶을 살겠는가? 축구, 발레, 노래, 스케이트보드, 바이올린, 스도쿠, 유머 등 무엇이든 시간을 들여 연습하면 발전한다.

당신이 어떤 사람이 될지는 당신 손에 달렸다. 무엇이든 시간과 에너지를 투입하면 발전한다. 취미든 불안감이든, 결정은 당신 몫이다.

당신이 현재 어디에 있고 누구냐는 중요하지 않다.
당신이 어디로 가고자 하고 어떤 사람이 되고자 하는지가 중요하다.

상상할 수 없는 곳에는 도달할 수도 없다. 당신의 생각이 당신의 세상을 만든다. 발레리나가 된 당신을 상상할 수 있는가? 드럼 연주로 관객을 흥분시키는 모습은? 100킬로그램 운동 기구를 들 수 있겠는가? 30킬로미터를 쉬지 않고 달릴 수 있겠는가? 대기업 임원이 된 당신을 상상할 수 있는가? 언젠가는 겁내지 않고 거미를 손에 올릴 수 있을까? 아무렇지 않게 비판을 흘려들을 수 있을까? 그 무엇도 그 누구도 당신의 기쁨을 빼앗지 못하는 행복한 삶을 상상할 수 있는가? 상상할 수 있다면 성취할 수도 있으리라. 상상력을 훈련해라. 그러면 더 풍성한 삶을 살게 될 것이다.

내가 살고 싶은 세상에 대해 능동적으로 상상하는가?　　예 □　아니오 □

이따금 나 자신에게 거짓말을 하는가?　　예 □　아니오 □

어떤 때 자신에게 거짓말을 하는가?

_____

_____

_____

_____

_____

_____

_____

어떻게 살고 싶은가?

_____

_____

_____

_____

_____

_____

_____

인생을 바꾸는 질문들

무엇이 나를 가로막는가? 나는 어떤 핑계를 대는가?

_____

_____

_____

_____

_____

내가 원하는 삶을 살려면 어떤 조건이 마련되어야 하는가?

_____

_____

_____

_____

_____

이 조건을 마련하려면 어떻게 해야 하는가?

_____

_____

_____

_____

_____

어떤 상상이 내게 긍정적 영향을 미칠 수 있을까?

_____

_____

_____

_____

_____

이 책을 통해 이루고자 하는 목표는 무엇인가?

_____

_____

_____

_____

_____

_____

_____

삶을 지탱하는 기둥은 하나가 아니다

기둥 다섯 개가 원판을 받치고 있고, 원판 위에 당신이 있다고 상상해 보아라. 기둥 하나가 쓰러지면 어떻게 될까? 여전히 원판 위에 서 있을 수 있다. 기둥 하나가

인생을 바꾸는 질문들

더 쓰러지면? 원판이 살짝 기울고 옆으로 미끄러질 것이다. 세 번째 기둥마저 쓰러진다면 원판은 결국 완전히 기울고 아래로 추락할 것이다. 원판이 삶이라면 당신은 정서적으로, 정신적으로, 신체적으로 아래로 추락한다. 그런데도 삶을 지탱하는 기둥이 마치 하나뿐인 것처럼 사는 사람이 너무 많다. 혹여 문제가 생겨 이 기둥이 쓰러지면 삶이 송두리째 무너진다.

삶을 지탱하는 주요 기둥 다섯은 가족, 직업, 연인, 친구, 건강이다. 이 모든 것이 행복한 삶에 매우 중요하다. 나는 여기에 '나'라는 여섯 번째 기둥을 추가하고자 한다. 자기 자신과 보내는 시간이 부족한 사람이 많기 때문이다. '나'라는 기둥을 튼튼히 한다는 것은 자신에게 좋은 일을 하고, 깊이 생각하고, 휴식하고, 실력을 증명하려 애쓰지 않아도 된다는 뜻이다.

대다수 학생은 학교를 삶의 중심으로 여긴다. 그래서 자식이나 친구로서 해야 할 의무를 소홀히 하는 경우가 많다. 공부에 더 많은 시간을 쓰기 위해 기타 레슨과 농구 연습을 그만둔다. 할머니와 보낼 시간이 없다. 이성 친구? 공부에 방해만 되니 만나지 않는다. 그러나 자기 자신, 취미, 친구, 휴식을 위한 시간은 건강한 삶을 위한 필수 요소다. 오로지 학교만 생각하는 학생들은 어떤 기분을 느끼며 그것이 그들의 삶에 어떤 영향을 미칠 것 같은가?

직장 생활을 시작하면 초점이 학교에서 직장으로 바뀐다. 이때도 삶의 다른 기둥들이 등한시된다. 그러나 삶의 모든 기둥이 합쳐져서 행복을 지탱한다. 기둥 하나에만 집중했는데, 그 기둥이 흔들리면 어떻게 될까? 누가 그 기둥을 잡아 줄까? 연인 기둥에만 집중하는 사람이 있다고 치자. 그에게는 연인밖에 없다. 연인이 친구와 모든 취미를 대체해야 한다. 연인이 하나만 잘못해도 그는 분노하고 슬

품과 절망에 빠진다. 연인이 자신을 사랑하지 않는 것 같으면 세상이 무너진다. 인정 욕구마저도 직장이 아니라 연인에게서 채우고자 한다. 이것은 관계에 부담이 된다. 행복과 만족을 지탱하는 다른 모든 기둥을 연인 기둥 하나로 대체할 수는 없다. 기둥이 쓰러지면 행복도 무너지므로 기둥 하나에 의존하는 것은 재앙이다. 그러므로 기둥 하나로 행복을 지탱하려 하지 말라. 삶의 모든 측면과 차원에 주의를 기울이고 늘 균형을 유지하려 노력해라.

일이 잘못 진행된다 싶으면 여섯 기둥을 찬찬히 살피고 각 기둥의 만족도를 1부터 5까지로 평가해라. 그러면 어디에 더 주의를 기울여야 하는지 재빨리 알 수 있다. 무엇이 부족한지 알면 그것을 채울 수 있고 감정 상태도 개선할 수 있다. 문제로 밝혀진 것을 바로 잡을 수 있도록 전략을 세우고 목표에 맞게 감정과 행동을 바꿀 수 있다.

가족

1	2	3	4	5

직업

1	2	3	4	5

인생을 바꾸는 질문들

연인

---

1   2   3   4   5

친구

---

1   2   3   4   5

건강

---

1   2   3   4   5

나

---

1   2   3   4   5

어떤 기둥이 불안정한가?

내가 원하는 것은 무엇인가?

_____

_____

_____

_____

_____

기둥을 튼튼히 하려면 무엇을 해야 할까?

_____

_____

_____

_____

_____

왜 이 기둥을 등한시했었나?

_____

_____

_____

_____

_____

재발 방지를 위해 무엇을 할 수 있는가?

_____

_____

_____

_____

_____

언제 어디서든 이런 질문들로 점검할 수 있다. 버스에서, 퇴근길 차 안에서, 마트 계산대 줄에서, 사무실에서, 집에서 촛불을 켜고…. 그러면 피곤하거나 우울하거나 혹은 그냥 불만족스러울 때, 그 원인이 어디에 있는지 알게 될 것이다.

에너지를 분배해라

당신의 에너지는 무한하지 않다. 그러므로 어떤 목표에 어느 정도 에너지를 쏟을지 신중하게 생각해야 한다. 다음의 목표 파이에 각각의 중요도와 투입할 에너지를 그려 넣어라.

에너지가 많이 필요한 목표들이 분명 여럿일 것이다. 그래서 언제, 어떻게, 무엇부터 시작해야 할지 종종 막막하다. 그러므로 분야별로 각각 고유한 목표 파이를 작성하는 것이 좋다. 가족, 직업, 연인, 친구, 건강, 나.

1 _____ 4 _____

2 _____ 5 _____

3 _____ 6 _____

목표들을 잘 정돈해 보면 여러 분야의 여러 목표가 서로 연관되어 있음이 명확해진다. 당신도 알고 있듯이, 모든 목표가 서로 영향을 미친다. '자기 자신에게 좋은 일을 더 많이 한다 → 직업적인 목표를 달성하기 위해 더 많은 에너지와 힘을 쏟게 된다.' '가족 분야의 목표를 이룬다 → 취미 분야의 목표를 이룬다(예를 들어 기타 연주 실력이 향상된다).'

　이처럼 상향하는 긍정적 나선을 그릴 수 있지만, 점점 더 엉키며 하향하는 부정적 나선을 그릴 수도 있다. 나쁜 하루를 보내면 다른 모든 것도 나쁘게 느껴진다. 분야별 역할과 책임의 상호 연관성이 삶에 큰 영향을 미칠 수 있다.

이제 각 분야에서 중요한 목표와 투입할 에너지를 기록해라. 가장 중요한 세 가지 목표를 다음의 목표 파이에 적어라.

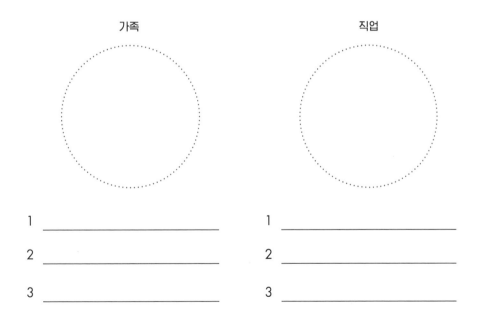

가족

직업

1 _____

2 _____

3 _____

1 _____

2 _____

3 _____

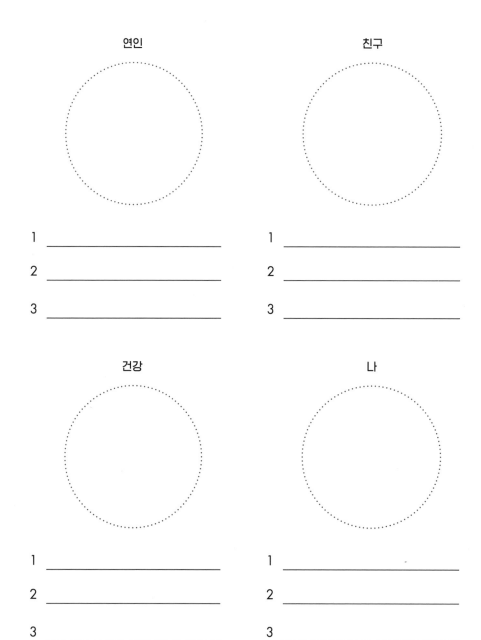

연인

1 _____
2 _____
3 _____

친구

1 _____
2 _____
3 _____

건강

1 _____
2 _____
3 _____

나

1 _____
2 _____
3 _____

목표와 과제 설정

서랍이 여러 개인 서랍장을 상상해라. 각각의 서랍에 당신의 과제 영역(혹은 삶의 영역)이 적혀 있다. 역할(학생, 딸, 아내, 동호회 회원) 혹은 상위 개념(학교, 직장)을 각각의 서랍에 적어도 좋다. 상황에 맞는 서랍을 열고 그 영역에서 당신의 목표가 무엇인지 생각한 다음 과제를 시작한다. 끝으로 목표에 얼마나 접근했는지 깊이 성찰한다. 그다음 상상의 서랍을 다시 닫는다.

어떤 역할과 과제가 우선순위에 있는가? 다음의 '역할 서랍장'에 기록해 보자. 어떤 역할에 얼마만큼의 에너지가 투입되는가? 서랍장 옆에 퍼센트로 적어라. 퍼센트의 합이 100%가 되어야 한다.

이 연습은 행동과 생각을 명확하게 만들어 더 결단력 있고 더 여유로워지고 더 만족스럽게 살게 한다. 삶의 다양한 영역에서 다양한 역할과 책임과 과제가 주어진다. 그 모든 것이 에너지를 요구한다. 이때 어떤 역할과 목표에 어느 정도의 에너지를 언제 투입할지 안다면 한 역할에서 다음 역할로 전환하기가 더 쉽다. 무엇이 중요한지 알고, 그 일에 에너지를 최적으로 배분할 수 있다.

어린아이에게 하듯 자신과 대화해라.

목표를 위해 꾸준히 실천하지 못하더라도 자신에게 가혹하게 굴지 말아라. 언제나 자신에게 자상하고, 자신의 가치를 인정하고, 자신에게 솔직해라. 어린아이를 보살피듯 자신을 보살펴라. 부모가 어린 자식에게 하듯 어깨를 토닥이며 칭찬해라. "○○아, 참 잘했어!" 잘못했을 때도 자상하게 타일러라.

내 역할은 무엇인가?   이 역할에서 내 목표는 무엇인가?

___% _____
        _____
        _____

___% _____
        _____
        _____

___% _____
        _____
        _____

___% _____
        _____
        _____

___% _____
        _____
        _____

인생을 바꾸는 질문들

부모의 품을 떠나 독립하는 즉시 우리는 스스로 자기 부모가 되어야 한다. 자기 자신을 칭찬하고 자상하게 대하되 경고하고 야단치고 타이르는 것도 잊어선 안 된다. 그러나 무엇보다 혹여 실패한 기분이 들 때 사랑 없는 혹독한 벌을 내려선 안 된다. 어린아이가 걸음마를 배우다 넘어져 울면 엄마는 아이에게 달려가 위로하고 달래야 한다. 위로 대신 야단을 친다고 상상해 보아라. "이게 뭐야. 넘어지면 안 되지! 실망이야. 넌 정말 기대 이하구나. 넌 구제 불능이야! 내가 몇 번을 설명해야 하는 거니? 뭐 하나 잘하는 게 없어!" 칭찬이든 꾸지람이든 자신에게 친절한 것이 얼마나 중요한지 명심하기를 바란다.

자신과의 대화를 소리 내서 할 사람은 거의 없으리라. 그 어조가 엄격하고 거칠 테니까. 친구나 동료에게는 절대 그런 어조로 말하지 않을 것이다. 하지만 자기 자신에게는 종종 그렇게 말한다.

자신과의 대화를 살펴보아라. 당신 자신과 어떻게 대화하는지 주의를 기울여라. 어떤 일을 실패했을 때 자신에게 무슨 말을 하는지 보아라. 사랑하는 자식에게 말하듯 자신과 대화해라. 그리고 훌륭하고 자랑스러운 일을 했을 때 칭찬을 아끼지 말아라. 당신은 칭찬받을 자격이 충분하다.

전략 없이는 목표를 이룰 수 없다

인간에게는 완성 욕구가 있다. 우리는 시작과 끝을 알고자 한다. 그러므로 목표를 설정할 때는 달성 시점이 명확해야 한다. 설정 절차는 이렇다. 목표(문제) 정의 →

계획 수립 → 실천 → 점검 → 조정 → 점검 → 조정. 이것은 많은 이들에게 도전 과제다. 그러므로 찬찬히 깊이 생각하여 'SMART'하게 목표를 설정해 보자.

- 구체적으로Specific: 확실히 이해되도록 명료하게
- 측정할 수 있게Measurable: 달성 시점 명시
- 매력적으로Attractive: 이루고 싶도록
- 현실적으로Realistic: 이룰 수 있어 보이게
- 종결이 있도록Terminated: 장소, 때, 기간

'매주 2회 30분씩 달리겠다'는 목표는 결과를 측정할 수 있지만 '더 여유로워지고 싶다'는 목표는 결과를 측정할 수 없다. 당신이 더 여유로워졌음을 어떻게 알겠는가? 그러므로 새로운 질문이 필요하다. 여유를 느끼기 위해 무엇을 할 수 있을까? 무엇이 나를 여유롭게 할까? 다음과 같이 답할 수 있다. 거품 목욕, 친구 만나기, 그림 그리기, 뜨개질, 요리….

이제 측정할 수 있는 목표로 바꿀 수 있다. 매주 1회씩 거품 목욕을 하겠다, 매주 1회씩 친구를 만나겠다, 매주 1회씩 특별한 요리를 하겠다, 주말에 하루 정도는 뜨개질하거나 그림을 그리겠다.

목표만 정하지 말고, 목표를 이룰 전략도 수립해라.

여유나 행복 같은 목표는 구체적이지 못하고 측정할 수도 없으므로 어떤 행

동이 그런 감정을 주는지 알아내야 한다. 여기서도 올바른 대답(목표)을 끌어낼 올바른 질문이 필요하다. 매주 2회씩 달리기, 매일 15분씩 책 읽기, 12월까지 깨끗한 피부 만들기, 오로지 나만을 위해 매일 20분을 내서 내가 좋아하는 일을 하기. 이것들은 측정이 가능한 명료한 목표로, 우리는 목표 달성을 확실하게 확인할 수 있다. 그러면 당신은 올바른 길을 가고 있다고 안심할 수 있다. 매일 성공적으로 과제를 해내고 '완료'라고 표시할 수 있으면 의욕이 높아지고 끈기와 자제력이 생긴다. 또한 계획한 모든 것을 이룰 수 있다는 자신감이 생기면서 자의식도 강해진다. 이런 선순환은 자신을 위해 이용해야 한다.

대부분이 목표만 기술하고 그것을 이룰 방법은 빠트리기 때문에 목표에 도달하지 못하는 경우가 많다. 그러므로 다음의 연습이 특히 중요하다. 이 연습을 마치고 나면 당신은 목표를 이루지 못한 다른 사람들과 구별될 것이다. 이제부터 우리는 목표를 이룰 수 있는 당신만의 고유한 전략을 찾을 것이기 때문이다.

예: 더 여유로워지고 싶다 → 무엇이 나를 여유롭게 할까? → 거품 목욕, 스포츠, 대화, 산책, 그림 그리기

목표	전략
더 여유로워지고 싶다	매주 1회 거품 목욕하기, 매주 1회 산책하기

예: 덜 외롭고 싶다 → 어떻게 해야 할까? → 동호회 가입하기(달리기, 암벽 등반, 명예 소방대원, 구조대, 동물 보호소, 자선 단체), 자주 외출하기, 학창 시절 친구와 연락하기, 직장 동료와 대화하기, 낯선 사람 사귀기

목표	전략
덜 외로워하고 싶다	매주 1회 시간 내 새 동호회 세 곳 탐색하기, 매주 금요일에 친구나 지인과 외출하기, 추억이 담긴(사진, 채팅, 휴가, 엽서) 보물함을 만들어 외로울 때마다 꺼내 보기

저마다 소망과 목표가 다르고, 그것을 이루는 전략도 다르다.

많은 이들이 좋은 친구와 사귀기를 소망하면서도 이 소망을 이루기 위해 아무 노력도 하지 않는다. 먼저 소망을 기술한다. '의지하고 믿을 수 있는 친구가 곁에 있으면 좋겠다.' 이제 구체적으로 묻는다. '이 소망을 이루려면 어떻게 해야 할까?' 현재 이런 사람이 주변에 없는 것 같으므로 이런 친구를 발견하려면 새로운 사람을 만나야 한다. 어쩌면 이미 있는데 모르고 있을 건 아닐까? 그러므로 그런 친구를 어디에서 찾을 수 있을지 곰곰이 생각해라. 그 사람은 무엇을 즐겨 할까? 당신은 무엇을 즐겨 하는가?

예를 들어 다음과 같은 전략을 세울 수 있다. 정기적으로 달리기 모임에 나가 적어도 한 사람과 5분간 대화한다, 혹은 성격과 가치관이 나와 비슷하고 친절한 사람에게 매일 적어도 한 가지 칭찬을 한다, 일주일에 한 번 옛날 친구를 찾아내 만나자고 청한다. 오늘날 페이스북이나 인스타그램 덕분에 옛날 친구를 다시 만나고 의견을 나누고 새로운 친구를 사귀기가 더 쉬워졌다. 당신이 좋아하는 것처럼 당신을 좋아할 누군가를 만나기가 더 쉬워졌다.

사례 하나를 더 보자. 어느 판매원의 목표와 전략은 다음과 같다. '목표: 매달 신규 고객 네 명 확보하기. 전략: 매일 두 명에게 전화하기.' 5일이면 열 명에게 전화할 것이고 한 달이면 사십 명에 달할 것이다. 사십 명 중에서 10%만 계약을 체결하면 한 달에 신규 고객 네 명을 확보할 수 있다. 이대로 실행하면 목표를 이룰 뿐 아니라 초과 달성도 가능하다. 계속 발전하고 개선될 테니까. 계획 하나로 무력감이 성공적 실천으로 바뀌기 때문에 두려움도 사라진다.

전략이 기대한 효과를 내지 못하거나 시간이 흐를수록 추진력이 떨어지면 기대한 효과가 나도록 새로운 전략을 짜야 한다. 적합한 전략이 떠오르지 않으면 친구나 동료, 가족, 더 나아가 인터넷에 물어라. 검색창에 긴장 해소법, 자제력 키우기, 친구 사귀기, 취미 만들기, 자기애 실천법, 자의식 강화하기 등을 입력하면 도움이 될 만한 새로운 아이디어를 무수히 얻을 것이다. 또한 10장에 충만함을 주는 활동이 많이 제시되어 있으니 거기서 영감을 얻을 수 있을 것이다.

늘 상기할 수 있도록 실천 계획을 기록해 두어라.

모든 목표를 동시에 추구하고 이루기는 불가능하다. 그러므로 한두 개, 최대 세 개에만 집중하는 것이 좋다. 모든 목표를 한꺼번에 이루려 하면 과부하가 올 수 있다. 모든 변화에는 주의력과 에너지가 필요하다. 중요한 목표 한두 개에 집중해라. 물론 부차 목표 두세 개 정도는 염두에 둬도 된다. 한 목표가 다른 목표와 동행하기도 한다. 건강하게 살기(금연, 직접 요리해 먹기), 분노 조절(더 많은 휴식과 여유 갖기, 자제력 강화).

현재 어떤 목표가 내게 가장 중요한가?

_____

_____

_____

_____

_____

_____

작년에 이 목표에 근접했었나?

_____

_____

_____

_____

_____

이 목표를 이루기 위해 얼마나 많은 에너지를 쓰는가?

_____

_____

_____

_____

_____

인생을 바꾸는 질문들

에너지를 더 많이/더 적게 써야 하는가? 그 이유는 무엇인가?

_____

_____

_____

_____

_____

이 목표를 이루는 데 어떤 계획과 활동이 도움이 될까?

_____

_____

_____

_____

_____

_____

변화를 위해 무엇을 준비해야 할까?

_____

_____

_____

_____

_____

이 목표를 일부 / 전부 이루면 나는 내게 어떤 보상을 줄까?

_____

_____

_____

_____

_____

이 목표를 이루면 어떤 이익을 얻게 되는가?

_____

_____

_____

_____

이 목표를 이루면 어떤 기분이 들까?

_____

_____

_____

_____

_____

이 목표를 이루지 못하면 어떤 기분이 들까? 그리고 어떤 불이익이 있을까?

_____

_____

_____

_____

_____

걸림돌이 될 만한 것은 무엇일까?

_____

_____

_____

_____

_____

잘못 진행될 경우 어떻게 대처할까? 잘못되지 않게 하려면 어떻게 해야 할까?

_____

_____

_____

_____

_____

나는 왜 이 목표를 이룰 수 있는가?

_____

_____

_____

_____

_____

나는 왜 이 목표를 이룰 자격이 충분한가?

_____

_____

_____

_____

_____

이 목표를 이루기 위해 무엇을 포기해야 하나?

_____

_____

_____

_____

_____

인생을 바꾸는 질문들

질문들을 토대로 목표를 향해 새로운 길을 나설 동기를 얻을 수 있다. 그리고 이 질문들은 당신이 왜 원하는 사람이 아직 되지 못했는지 알려 준다. 변화를 통해 무엇을 얻을 수 있고, 무엇이 당신을 방해하며, 실패에 어떻게 대처할지 묻고 답을 찾아 두면 두려움이 사라진다.

도움이 되는 중요한 질문들을 계속 묻고 답해라.

초점을 명확히 할수록 더 쉽게 목표를 이루고 더 빨리 결과를 낼 수 있다. 이것은 다시 당신에게 강한 자신감을 불어넣는다. 작은 목표를 자주 달성하면서 자신감이 커지고, 새로운 목표를 위한 에너지와 힘이 솟는다.

정기적으로 목표를 상기해라. 목표를 이루었을 때 어떤 기분이 들까? 어떤 이익을 얻을까? 왜 나는 이 목표를 이룰 수 있는가? 왜 나는 이 목표를 이룰 자격이 있는가? 만족, 성공, 휴식, 힘, 자신감, 충만함 같은 긍정적 감정을 갖도록 노력해라. 이런 감정은 이미 당신 안에 있다. 그것을 당신 인생에 불어넣을 사람 역시 당신 자신이다.

처음엔 잘 안될 수도 있다. 그러나 개의치 말고 그냥 계속해라. 아무도 아기가 첫 시도에 바로 일어나 똑바로 걷기를 기대하지 않는다. 첫 시도에 바로 성공하지 않아도 된다. 아기가 혼자 이유식 먹기를 처음으로 성공했다고 해서 그 후로 계속 매일 성공할 거라 기대하는 사람은 없다. 또한 이후의 시도에 실패했다고 해서 아기를 야단치지도 않는다. 그렇지 않은가? 어쩌면 당신은 지금 속으로 '무슨 그런 나쁜 부모가 다 있대!'라고 생각했으리라. 나는 당신에게 묻고 싶다. "어떻게 당신 자신에게 그렇게 가혹할 수 있는가?"

변화에는 시간과 인내, 끈기가 필요하다. 어떤 도시도 하루에 세워지지 않고, 어떤 우정도 하룻밤 사이에 생기지 않는다. 원하는 사람으로 성장할 시간을 자신에게 주어라. 당신에게 필요하고 중요한 일이라면 당신은 꾸준히 노력할 테고, 거기에 필요한 에너지가 저절로 생길 것이다.

하루만 완벽하게 실천해라

뭔가를 해낼 자신감을 얻는 데 필요한 것은 종종 성공 한 번이면 족하다. 완벽한 '하루'가 자신감과 에너지를 준다. 이 연습에서 당신은 일주일에 단 하루만 계획을 실천하면 된다. 운동, 건강한 식단, 휴식, 청소 혹은 사랑 가득한 시선으로 자신을 바라보고 마침내 자기애를 실천하는 단 하루. 명상하고, 제시간에 일어나고, 담배를 피우지 않고, 흥분하지 않고, 모든 일을 여유롭게 처리하고, 오래전부터 계획했던 일을 마침내 실행하는 하루. 일주일에 단 하루. 깨어 있는 시간 동안 의무적으로 계획을 실행해라. 성공했을 때 기분이 너무 좋아서 이런 하루를 또 보내고 싶어질 것이다. 담배 없이 하루를 버텼다면 자부심이 생기고 강해진 기분이 들 것이다. 성공 가능성을 상상만이 아니라 직접 눈으로 보고 몸으로 느껴야 자신감이 생기고 그 상태를 유지하기가 더 쉽다. 당신은 분명 완벽한 하루를 일주일에 두 번 혹은 심지어 다섯 번을 보내게 되리라. 어려운 도전처럼 들려 부담감이 생기지 않도록 처음에는 단 하루만 혹은 당신이 가볍게 할 수 있는 만큼만 해라. 그렇게

인생을 바꾸는 질문들

하면 가볍게 부담을 없애고 큰 성취감을 얻을 수 있다.

어떤 완벽한 하루를 보내고 싶은가? 일주일에 적어도 하루를 어떻게 보내고 싶은가?

_____

_____

_____

_____

_____

_____

완벽한 하루가 끝날 때 어떤 기분이 들까? 어떤 상황에서 그런 기분을 느끼나? 이 기분은
몸과 마음에 어떤 영향을 미치는가?

_____

_____

_____

_____

_____

_____

뭔가를 의무로 정하기 전에, 왜 그것을 하는지 알아야 한다. 당신의 동력은

1 + 꿈꾸는 삶이 있는가?

무엇인가? 동기는 무엇인가? 이것은 2장에서 더 자세히 다룰 것이다.

목표가 없으면 동력도 없고 힘도 에너지도 없다. 그래서 이 책에서도 목표를 먼저 다뤘다. 이루고자 하는 것이 없으면 애써 노력할 이유도 없다. 이사 계획이 없으면 힘들게 가구들을 밖으로 옮기지 않는다. 벽이 깨끗하다면 굳이 페인트를 칠할 필요가 없다. 동기 없는 행위는 무의미하다. 그러므로 목표가 없는 상태라면 아무것도 실행하지 않고 에너지를 잘 배분하여 쓰지 않는 것은 어찌 보면 당연하다. 그것은 게으름도 아니고 자제력이 없는 것도 아니다. 오히려 영리한 결정이다. 예를 들어 제출 마감일 같은 강한 압박을 동반하는 중요한 목표가 생기면 당신은 분명 행동하게 될 것이다. 아주 중요한 목표라면 때로는 스스로 압박을 만들어 낸다. 주택 임대 기간이 만료하면 가구를 밖으로 옮기고, 벽에 페인트를 칠하고, 필요한 에너지를 쓸 것이다. 그러니 설령 지금 당장 아무것도 하지 않고 자제하지 않고 힘쓰지 않고 활기가 없더라도 자신을 너무 다그치지 말아라. 당신은 에너지가 필요한 상황에 대비하여 충전하고 휴식하는 것이다.

실행을 방해하는 3가지 걸림돌

왜 우리는 무기력에 빠질까? 왜 우리는 앞으로 나아가지 않을까? 이런 침체와 정체의 원인은 무엇일까? 실행을 방해하는 세 가지 걸림돌을 알면 우리의 목표와 계획 그리고 우리 자신을 보다 현실적인 눈으로 보게 될 것이다. 필요한 이론을 손에 쥐면 더 효율적으로 행동하고, 더 의식적으로 계획하고, 더 현실적으로 계산할 수 있으므로 여기에 세 가지 걸림돌을 소개한다.

자신을 믿지 못하는 마음

당신은 자신이 해낼 수 있다고 믿지 못한다. 과제를 해낼 능력과 재능을 가졌다고 믿지 못한다. 자기 능력을 믿는 마음보다 실패의 두려움이 더 크다. 목표 달성을 상상할 수 없으면 그것을 실현할 수도 없다. 날씬한 모습을 상상할 수 없으면 날씬해질 수 없다. 부자로 성공한 자신을 상상할 수 없으면 부자가 되지 못한다. 패닉 없이 엘리베이터를 타는 자신을 상상할 수 없으면 그렇게 할 수 없다. 요컨대 당신의 생각이 핵심 도구다. 당신의 생각이 당신의 현재와 미래를 만든다.

지금까지 당신이 했던 모든 일이
그저 지금의 당신을 위한 준비 과정이었다면 어떨 것 같은가?

과거에 하지 못했다고 해서 현재도 미래에도 할 수 없는 것은 아니다. 우리의 삶과 행동이 이미 딱딱하게 굳어서 더는 바꿀 수 없는 것도 아니다. 걸림돌을 알고 올바른 동기와 전략을 가졌다면 높은 산도 옮길 수 있다. 예를 들어, 학창 시절 체육 선생님이 당신의 수영 자세를 심하게 비판했다고 해서 당신이 영원히 수영을 못할 거라는 뜻은 아니다. 부모나 친구로부터 "네가 이걸 어떻게 할 수 있겠니?"라는 말을 들었다고 해서 당신도 그렇게 생각해야 하는 건 아니다. "너는 늘 불안해하고 여유를 몰라." "너는 늘 산만했어." "너는 일을 끝내는 법이 없었고 자제력도 없어." 우리는 이런 주입된 평가와 무의식적 독백을 알아차리고 비판적으로 따져 물어야 한다. 그리고 이런 평가가 지금도 맞는지 혹은 이제 바꿀 때가 되었는지 결정해야 한다.

이런 이유로 그동안 실행하지 못했다면 ABC 방법(5장), 기본 관념 바꾸기(1장), 자신감 강화(6장과 7장)를 연습하기를 바란다.

목표와 가치관의 불일치

계획과 자아상이 일치하지 않는다. 당신이 되고자 하는 사람이 가치관이나 인생관과 일치하지 않는다. 당신이 하고자 하는 행동이 신념과 일치하지 않기 때문에 실행할 수 없다. "돈을 벌려면 열심히 일해야 한다." "나는 운동을 좋아하지 않는다." "받는 만큼 일해야 한다." "아무도 믿으면 안 된다." "인간은 부정직하다." "쓰지 않으면 녹슨다." "살을 빼려면 굶어야 한다." "사랑은 아프다." "비싼 게 좋은 물건이다." "결혼은 행복한 삶의 조건이다." 삶의 지혜로 널리 통용되는 학습된 생각이 수없이 많다. 그리고 이런 생각이 진보를 방해한다. 돈을 벌려면 열심히 일해야 한다는 생각 때문에 돈은 오직 힘든 노동으로만 벌 수 있는 것이 된다. 성공하려면 쉬지 말아야 한다고 믿는 사람은 쉬지 못하고 일만 할 것이다. 빈틈을 보여선 안 된다고 믿는 사람은 언제나 이유 없이 자신을 괴롭힐 것이다. 사랑에서 아픔을 연상하는 사람은 언제나 잠재된 아픔에 초점을 맞추고 그것을 먼저 알아차리고 찾아낼 것이다.

어떤 목표가 가치관이나 세계관과 일치하지 않는지, 무엇이 모순되는지 의식해라. 그리고 이런 갈등이 개인의 경험에서 생겼는지, 아니면 주변 사람들의 견해와 가치관 때문인지 자신에게 물어라.

목표와 가치관 사이에 갈등이 있는가? 5장과 6장에서 그 답을 찾게 될 것이다.

잘못된 동기

말만 하고 행동에 옮기지 못하는 가장 빈번한 원인이 바로 세 번째 걸림돌인 잘못된 동기다. 우리의 동기는 자기 내면에서 생기지 않고 종종 외부에 의해 정해진다. 내적 동기에서 뭔가를 실행한다면 그것은 자신의 의지와 동력으로 행하는 것이다. 자신을 위해 그냥 하고 싶어서 하는 것이다. 내적 동기는 내적 욕구라고 불리기도 하는데, 내적 동기의 좋은 예가 취미다.

외적 동기는 예를 들어 보상(연봉, 명예, 특권)이나 처벌(형편없는 성적, 해고)일 수 있다. 자신의 의지와 동력으로 과제를 실행하는 게 아니라 인정을 받거나 처벌을 피하려고 행동한다. 그러나 이런 외적 동기는 금세 약해진다. 에너지가 금세 떨어져 장기적이고 성공적인 목표 달성이 불가능하다. 게다가 외적 보상은 내적 동기에 부정적 영향을 미칠 수 있다. 그렇다고 두 동기가 나란히 존재할 수 없다는 뜻은 아니다. 환경과 지구를 중요하게 여기기 때문에(내적 동기) 환경 프로젝트를 진행한다고 가정해 보자. 당신은 프로젝트를 진행한 대가를 받는다(외적 동기).

이처럼 내적 동기와 외적 동기가 나란히 작동한다. 그러나 외적 동기가 너무 높으면 내적 동기가 가려질 수 있고 초기의 순수한 의도가 잊힐 수 있다(2장 '노인의 이야기' 참조).

당신의 동기에서 그 차이를 알아차릴 수 있겠는가? 어떤 동기가 더 높은가? 이제 당신의 행동 뒤에 어떤 동기가 있는지 직접 확인해 보자. 내적 동기에는 I, 외적 동기에는 E를 적어라. 구별하기가 쉬웠는가?

다음의 예시를 살펴보아라. 1번에서 7번까지는 외적 동기고 8번에서 13번까지는 내적 동기다. 이제 내적 동기와 외적 동기를 구별할 수 있을 것이다.

1. 친구와 가족의 칭찬을 듣기 위해 다른 사람을 돕는다.
2. 좋은 성적을 얻기 위해 열심히 공부한다.
3. 살을 빼고 싶고 눈에 덜 띄고 싶어 운동한다.
4. 할인받기 위해 마감 시간이 임박했을 때 쇼핑한다.
5. 의사가 집에서 쉬라고 해서 집에 머문다.
6. 인스타그램에 사진을 올리고 싶어 새로운 장소에 간다.
7. 지금 차보다 더 멋져 보이기 때문에 새 차를 산다.
8. 깔끔하게 정돈된 것이 좋아 청소한다.
9. 지적 희열을 느끼기 위해 토론을 즐긴다.
10. 스트레스를 없애기 위해 명상한다.
11. 활기찬 기분을 얻기 위해 운동한다.
12. 일을 소중히 여기기 때문에 늦게까지 일한다.

13. 호기심이 생겨서 배운다.

어떤 과제를 내적 동기에서 하는가(최소한 다섯 가지를 찾아 앞의 예시처럼 그 이유를 적어라)?

_____

_____

_____

_____

_____

_____

어떤 과제를 외적 동기에서 하는가(다섯 가지를 찾아 이유와 함께 적어라)?

_____

_____

_____

_____

_____

_____

외적 동기와 내적 동기의 행위를 다섯 가지 이상 찾아냈는가? 무엇이 더 쉬웠는가? 애석하게도 대개 내적 동기보다 외적 동기가 더 빈번하다.

앞에서 정한 목표들은 어떤 동기가 지배적인가? 앞으로 돌아가서 기록한 목표의 동기를 점검해 보아라. 순전히 외적 동기에서 비롯되어서 에너지를 투입할 만큼 의미가 없다면 그것을 삭제해라. 남아 있는 목표 옆에 각각 내적 동기를 간략히 메모해 두어라.

당신의 실행을 방해하는 걸림돌이 동기 부족 혹은 잘못된 동기인가? 2장과 10장에서 그것을 더 깊이 다룰 것이다.

기본 관념을 바꿔라

무엇을 바꾸고 싶은지 확인했고, 명확하고 측정할 수 있으며 현실적인 목표를 정했다면 이제 그 목표를 위한 기본 관념을 다룰 차례다.

기본 관념이란 당신이 확고히 믿는 생각이다. 머릿속에 깊이 각인되어 당신이 실제로 그렇게 살 때까지 지워지지 않는 생각이다. 내적 태도를 반영하는 생각.

"비는 나쁘다." "나는 수학을 못한다." "나는 산만하다." "나는 운동을 즐기지 않는다." 이런 생각을 변치 않는 보편적 진실로 믿고 이것을 기반으로 세상을 본다. 이런 생각은 학습되어 각인되고 자동화된다. 이렇게 각인된 기본 관념 때문에 우리는 상황을 재빨리 파악하여 위험한 일이나 환영할 만한 일로 분류할 수 있다. 이런 기본 관념을 어떻게 학습하게 되는지는 4장과 5장에서 다룰 예정이다.

기본 관념을 다룬다는 말은, 자동 암시를 통해 견해와 사고에 능동적으로 좋은 영향을 미친다는 뜻이다. 다시 말해 특정 문장을 확고한 기본 관념으로 자리 잡게 하기 위해 반복하여 머릿속에 주입해 자동으로 등장하게 한다. 이런 적극적 활용으로 우리는 각인되고 자동화된 기존의 기본 관념을 바꿔 더 빨리 더 쉽게 목표에 도달할 수 있다. 기본 관념 작업은 대략 다음과 같이 진행된다.

목표	전략
나는 더 침착해지고 싶다	나는 모든 상황에서 침착하고 초연하다
나는 긴장을 덜하고 싶다	나는 침착의 아이콘이다
	나는 긴장을 감지하는 순간 가볍게 없앨 수 있다
나는 더 당당해지고 싶다	나는 자신감이 넘치는 사람이고 언제든지 내 의견을 말해도 된다
나는 비판에 더 강해지고 싶다	비판은 배움과 발전의 기회다
나는 스트레스를 덜 받고 싶다	나는 모든 과제를 손쉽게 처리하고 성취감을 느낀다
나는 12월까지 15kg을 빼고 싶다	나는 날씬하고 건강하게 산다
	나는 건강을 위해 매일 기꺼이 뭔가를 한다

이것은 생각과 행동을 바꾸도록 유도하는 문장들의 예다. 5장에서 또 다른 방법들을 배울 것이다.

부담스럽지 않은 출발을 위해 다섯에서 열 문장 정도가 좋다. 단, 명심해라. 반드시 긍정형 문장이어야 한다. '하지 않는다', '못한다' 같은 부정어가 들어가면 안 된다. 우리의 뇌는 부정어를 분별하지 못한다. 그래서 "나는 긴장하지 않는다"라는 문장을 "나는 긴장한다"라고 읽고 "나는 뒤죽박죽으로 일하지 않는다"를 "나는 뒤죽박죽으로 일한다"로 받아들인다.

다양한 단어와 구조로 문장을 만들어라. 문장들을 떠올리거나 귀에 들리게 소리 내서 읽을 때(이것이 더 좋다) 당신이 원하는 감정이 번져야 한다. 신빙성이 있고 듣기 좋은 문장이어야 한다.

생각이 행동을 지배한다.

하룻밤 사이에 문장대로 실현될 수는 없다. 그러나 시간이 흐를수록 이 문장이 머릿속에 각인되고 점점 굳건해짐을 느끼게 될 것이다. 어쩌면 다음 회의 때 "나는 자신감이 넘치는 사람이고 언제든지 내 의견을 말해도 된다"라는 문장이 자동으로 떠올라 큰 소리로 의견을 말하게 될 것이다. 평소 당혹스러워했던 상황에서 갑자기 "나는 모든 상황에서 침착하고 초연하다"라는 문장이 떠오르고 정말로 침착하고 초연해질 것이다. 비판이 배움과 발전의 기회라고 자주 되뇌었기 때문에 비판을 들었을 때 오히려 감사함을 느끼게 될 것이다. 생각과 행동의 변화에 긍정적 영향을 미칠 단순한 문장 몇 개를 거듭 말할 뿐인데 이런 일이 생긴다.

새로운 생각을 각인시켜라

문장이 만들어졌으면 적어도 하루 한 번씩 이 문장을 읽어야 한다. 마음에 깊이 새기고 행동으로 뭔가를 하고 싶다면 매일 손으로 문장을 써 보는 것도 좋다. 또는 포스터를 만들어 벽에 걸어 두면 무의식적으로 각인될 수 있다. 녹음해서 출근길에 계속 들어도 좋다. 아침마다 소리 내서 읽거나 저녁에 잠자리에 들기 전에

인생을 바꾸는 질문들

여러 번 반복해서 읽어도 된다. 중요한 것은 완전히 암기해 언제든지 자동으로 불러낼 수 있을 때까지 반복, 또 반복하는 것이다. 이 문장이 무의식 속에 자리 잡게 하는 것이 목표이기 때문이다.

이제 당신의 목표에 맞는 문장을 각각 적어라.

_____

_____

_____

_____

_____

_____

_____

_____

언제, 어떻게 일상에서 이 문장을 반복해 읽겠는가(달력에 적어 두어라!)?

_____

_____

문장을 읽을 때 어떤 기분이 드는가?

_____

_____

이 문장을 얼마나 믿는가?

_____

1   2   3   4   5   6   7   8   9   10

정확히 7일 뒤 지금 이 시각에 울리도록 알람을 맞춰 두어라. 알람이 울리면 다음의 물음
에 답해라.

나는 일주일 동안 매일 문장을 읽었는가?   예 ☐   아니오 ☐

나는 문장을 암기할 수 있는가?   예 ☐   아니오 ☐

어떤 상황에서 어떤 문장이 의미 있게 다가왔는가?

_____

_____

_____

_____

일주일이 지난 지금 이 문장을 얼마나 믿는가?

_____

1   2   3   4   5   6   7   8   9   10

인생을 바꾸는 질문들

2

당신을 움직이게 하는
힘은 무엇인가?

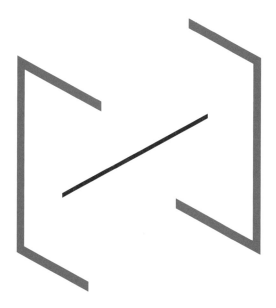

당신의 행동 동기는 무엇인가? 이 물음에 답하기 전에 먼저 해야 할 연습이 있다.

일과를 찬찬히 되돌아보며 하루 동안 무엇을 하는지 자세히 기록해라(업무, 아침 루틴, 취미, 식사, 인간관계 등).

_____

_____

_____

_____

_____

_____

_____

_____

_____

_____

_____

_____

_____

2 ✦ 당신을 움직이게 하는 힘은 무엇인가?

이런 식으로 하루를 살펴본 적이 있는가? 기록할 때 어떤 기분이 들었는가? 흡족했는가? 하는 일이 너무 많은가, 아니면 심심할 정도로 단조로운가? 기록한 내용을 보며 각 행동의 동기를 찾아보아라. 왜 그런 행동을 하는지 기록해라.

가장 빈번히 등장한 동기는 무엇인가? 그것으로 볼 때 당신은 어떤 사람인 것 같은가? 당신을 위한 행동이 더 많은가, 아니면 다른 사람을 위한 행동이 더 많은가? 이제 당신의 행동 동기가 무엇인지 알아보자. 행동 동기는 두 가지 범주로 나눌 수 있다. 하나는 고통 회피이고 다른 하나는 사랑/기쁨이다. 두려움과 고통을 주는 일은 하지 않는다. 사랑과 기쁨을 얻는 일을 한다. 그 중간은 없다.

행동의 원인을 알지 못하면 바뀔 수 없다

우리는 앞에서 이미 외적 동기와 내적 동기를 다뤘다. 이 지식을 이용해 목표를 올바른 동력으로 삼을 수 있었다. 그러나 우리는 동기를 부여하거나 의욕을 꺾는 결정들을 매일 내린다. 동기는 목표뿐 아니라 의식적·무의식적으로 내리는 일상의 모든 결정과 관련이 있다. 뭔가를 하거나 하지 않는 이유를 의식적으로 살펴보면 두 가지 행동 동기를 확인하게 될 것이다. 그것이 모든 결정의 기반이고, 뭔가를 하거나 하지 않는 근거다.

앞에서 기록한 일과 중에서 고통 회피를 위한 행동을 붉은색으로, 사랑/기쁨을 얻기 위한 행동을 파란색으로 표시해라. 어느 색이 더 많은가? 얼추 비슷한가? 당신은 왜 일찍 일어나는가? 현재 당신의 주요 행동 동기는 무엇인가? 고통 회피인가 아니면 기쁨인가?

한 가지 동기에 너무 치우쳐 있으면 안 된다. 우리는 두 가지 동기가 모두 필요하다. 기쁨을 얻기 위한 행동만 하는 사람은 결국 병들거나 불행해질 것이다. 반대로 의무만을 이행하며 고통 회피를 위한 행동만 하는 사람도 적지 않은데, 이 경우 역시 내적 동기보다 외적 동기가 더 많을 것이다. 그러나 차이가 있다. 처벌의 두려움은 외적 동기고, 고통 회피는 생존을 위한 내적 동기다.

모든 행동의 기반은 나쁜 것을 피하고 좋은 것을 경험하려는 마음이다.

손해 볼 일을 왜 하겠는가? 혹시 모를 고통보다 얻게 될 기쁨이 더 크면 우리는 과감하게 행동한다. 그러나 예상되는 이익보다 손해가 더 크면 우리는 정중히 거절한다.

가령 이사를 도와주겠다던 친구가 약속을 지키지 않는다면 당신은 분명 크게 실망할 것이다. 어쩌면 화가 나서 그 친구를 다시 평가하고 절교를 선언할 것이다. 친구가 두 가지 동기에서 약속을 어겼음을 고려한다면 그 친구를 이해하기가 훨씬 쉬울 것이다. 모든 행동은 결국 이 두 가지 동기로 이해할 수 있기 때문이다. 약속을 어기는 것이 그 친구에게 기쁨을 주는 동시에 고통을 피할 수 있는 선택이었다고 가정해 보자. 약속을 어기는 것이 더 큰 고통을 피하는 길이었을지 모른다. 훨씬 더 큰 고통을 가져오는 더 큰 문제가 생겼고 그래서 우선순위를 차지했을 것이다. 구체적으로 부부 싸움을 했거나 더 중요한 업무가 생겼을 수 있다. 직장이나 가정이 위태롭다면 친구를 실망시키는 쪽을 선택하는 게 맞지 않을까?

2 ✦ 당신을 움직이게 하는 힘은 무엇인가?

더 큰 고통을 피하는 것이 확실히 더 타당한 결정 아닐까? 친구의 사정이 무엇이었는지 알 수 없지만 충분히 있을 법한 시나리오다. 우리가 알지 못하고, 사실이 아닐 수 있는 단 한 가지 가정이 만들어 낸 실망감에 사로잡혀 행동을 결정해선 안 된다. 제어할 수 없는 한 가지 생각 때문에 절교를 선언하는 것은 정말 애석한 일이다. 판단하고 행동하기 전에 언제나 상대의 행동 동기를 살피고 이해하려 애써야 한다. 이유를 알면 행동이 이해될 때가 많기 때문이다.

우리는 왜 행동을 미룰까? '행동하지 않음'은 작은 고통과 연결되고 '행동'은 큰 고통과 연결되기 때문이다. 행동하지 않아서 생기는 고통이 점점 커져서 그런 식의 고통 회피가 더는 긍정적이고 편안하지 않으면 우리는 비로소 행동한다. 월말까지 보고서를 끝내야 하지만 더 중요한 다른 업무를 먼저 하는 것이 더 큰 고통을 막아 준다.

담배를 끊으면 얼마나 더 건강해지고 평안해질까? 담배를 끊으려 애쓰면 금단 현상으로 얼마나 괴롭고 불편하고 불쾌하며 업무 능률이 떨어질까? 담배를 계속 피워야 할 이유가 금연으로 얻는 긍정적 결과보다 훨씬 더 강하고 공감되지 않는가? 그렇게 보면 금연보다 흡연이 더 많은 고통을 막아 주지 않는가?

인간은 고통을 피하고 싶어 한다. 그래서 행동을 강제하기 위한 수단으로 종종 고통이 이용된다. 사장, 팀장, 연인이 우리에게 그렇게 하고, 우리는 자식에게 그렇게 한다. 왜? 효과가 있으니까! 인간에게는 생존 본능이 있어서 고통을 싫어한다. 우리는 해고당하기 싫어 초과 근무를 한다. 부모가 저녁을 안 준다거나 텔레비전을 못 보게 하겠다고 위협하기 때문에 아이들은 착하게 행동한다. 연인으로부터 사랑받지 못할까 두려워 음식 쓰레기를 버린다.

인생을 바꾸는 질문들

당신이 하고 싶은 일이 무엇인지 곰곰이 생각해라. 그 일을 자꾸 미룬다면 고통 회피로 동기를 부여해라. 미룰 때 발생하는 큰 고통을 찾아라. '왜' 행동해야 하는지를 찾아라. 큰 고통을 행동 동기로 연결하면 행동하고 싶은 마음이 생길 것이다. 다음의 질문에 답해라. 이때 목표와 기본 관념을 이용해도 좋다.

무엇을 하고 싶은가? 그것을 하면 어떤 고통을 피할 수 있는가?

_____

_____

_____

_____

_____

미루지 않고 행동하기 위해 이용할 수 있는 더 큰 고통은 무엇인가?

_____

_____

_____

_____

_____

다만 우리 대다수는 단기적으로 기쁨을 주거나 고통을 막아 주는 결정을 내

2 ✦ 당신을 움직이게 하는 힘은 무엇인가?

린다. 그러나 삶에서 중대한 일, 우리가 중시하는 일들은 대개 장기적 이익을 위해 단기적 불이익을 감수하기를 요구한다. 특히 연인이나 부부 관계에서 그것을 확인할 수 있다. 우리는 시간이 지날수록 연인의 단점을 점점 더 많이 발견한다. 그러나 그것을 견디면 세상에서 가장 멋진 감정인 사랑을 얻는다. 직장에서도 초기에는 손이 많이 가고 중요하지 않은 업무들을 맡지만, 시간이 지나면서 차츰 책임이 커지고 자유롭게 업무를 선택할 수도 있다. 그러므로 여기서도 단기적 고통 회피는 우리를 발전시키지 않는다.

장기적으로 변하고 싶다면 동기가 확실해야 한다. 이미 다뤘듯이 행동하게 하고 변하게 하는 동기에는 두 가지가 있다. 사랑 그리고 고통 회피. 깊고 큰 사랑으로 사람들은 자신의 오랜 습관을 바꾼다. 아이를 사랑하니까 담배를 끊는다. 아픈 부모를 집에서 돌보기 위해 직장을 그만둔다. 부모는 무조건적 사랑으로 자식을 위해 거의 모든 취미를 포기한다. 사랑하는 일을 위해 삶을 송두리째 바치는 열정적인 사람도 있다. 음악가나 운동선수들이 종종 그러하다. 프로든 아마추어든 축구선수, 결혼식 축가 가수, 드러머 등과 같은 사람들은 열정을 쏟는 일에서 아주 강렬하고 멋진 감정을 느낀다. 이때의 행동 동기는 사랑이다. 그러나 모든 행복을 기둥 하나에 두면 안 된다.

또 다른 동기는 고통 회피다. 종종 이것이 더 강한 동기가 되기도 한다. 동기부여를 위해 스스로 고통을 만들어 낼 수 있다. 가령 담배를 끊고 싶다면 흡연으로 생기는 고통을 명확히 떠올려라. 흡연으로 고통받고 있는 사람들을 만나라. 병원에 가서 폐 질환을 앓고 있는 환자들을 보아라. 당신 자신을 정확히 보고 환자들의 상태를 마음에 새겨라. 그들이 무엇을 하지 않았고 무엇을 후회하는지 물어

라. 현재 그들에게 가장 기쁜 일이 무엇인지 물어라. 그들이 왜 흉부외과 병동에 입원했는지 알아내라. 흡연 때문인가? 아니면 다른 무엇? 그들과 시간을 보내라. 그들의 입장이 되어 이해해 보려 애써라. 대화할 수 있는 적당한 환자를 골라라. 그 사람과 얘기를 나누는 동안, 당신이 그 사람이라고 상상하고 그 사람이 맞은편에 앉은 사람, 바로 당신 자신에게 어떤 조언을 줄지 상상해라.

병들고 늙고 불행한 사람을 만나 얘기해도 좋다. 혹은 번아웃으로 치료를 받는 일 중독자를 만나도 좋다. 운동할 동기를 찾고 싶다면 비만 환자를 찾아라. 실제로 고통을 겪는 모습을 눈으로 확인하고 반면교사로 삼을 수 있는 사례를 찾아라.

고통 회피를 위해 이제 변할 준비가 되었는가? '담배를 끊지 않으면 암에 걸릴지도 모르고, 죽을 수도 있다.' 이런 상상은 변해야 할 합리적 이유가 되고, 사회가 계속 주입하는 근거이기도 하다. 그러나 당신이 실제로 달라질 만큼 강한 정서적 반응과 자극을 주지 못한다. 그러므로 '만약 A를 하면 B가 될 것이다'가 아니라 '나는 B가 된다'라고 생각해야 한다. 퇴로가 없으면 결국 앞으로 가게 되는 것이다. 암 환자는 증상이 더 나빠지면 담배를 끊을 것이다. 증상 악화의 결과를 몸으로 바로 느끼기 때문이다. 번아웃 진단을 받은 사람은 일을 더는 할 수가 없다. 그 역시 자신의 짐을 버릴 수밖에 없다. 다행히 당신은 아직 예방의 기회가 있다.

"~일지도 몰라"라는 문장으로 변화를 설득해선 안 된다. 이 문장에는 이미 당신의 마음가짐이 들어 있다. 말하자면 당신은 이 말을 믿지 않는다. 일어날 가능성에 확신이 없다. "내일 비가 올지도 몰라." "내일 세상이 멸망할 수도 있지만, 아마 아닐 거야." "동생이 나무에서 떨어질지도 몰라." 이런 문장들이 얼마나 마음을 울리는가? 다음의 문장과 비교해 보아라. "동생이 나무에서 떨어지고 있

2 ✦ 당신을 움직이게 하는 힘은 무엇인가?

어! 빨리 밑에서 받아!" 이 명령문에는 '해야 한다, 해도 된다, 할 수 있다, 할지도 모른다'가 없다. 변화를 설득할 문장은 현재형이어야 하고 해석의 여지가 없어야 한다.

다음의 문장들을 비교해 봐라. 나는 죽을지도 모른다 vs. 나는 죽는다. 나는 암에 걸릴지도 모른다 vs. 나는 암에 걸린다. 이렇듯 언어는 아주 중요하다. 자신과의 소통뿐 아니라 다른 사람과의 대화에서 소리 내어 말한 단어들도 중요하다. 언어에서도 기본 관념, 즉 우리가 그냥 수용하고 표현하고 바꾸지 않는 자동화된 생각이 중심축이다.

우리는 두려움, 역경, 자기 의심, 포기에 대처하는 법을 배우고 목표에 초점을 맞춰야 한다. 그러면 시간을 이기는 힘과 끈기를 가질 수 있다. 목표 달성에 필요한 것은 당신 자신과 당신의 능력을 믿는 확신뿐이다. 1장에서 목표에 맞게 작성했던 '반복할 문장'이 도움이 될 테고, 확신에 차서 전진하는 데 필요한 자신감 충전법을 6장과 9장에서 배울 것이다.

이제 자신을 더 잘 이해하게 되었는가? 두 가지 동기를 구별할 수 있겠는가? 부디 그렇기를 바란다. 예상되는 기쁨보다 고통 회피가 더 강력한 자극을 준다는 사실을 우리는 이제 알고 있다. 그러므로 이 지식을 이용해 변화를 꾀할 수 있다. 목표를 명확히 세웠고 그 길에 놓인 걸림돌이 무엇인지 알았으니 이제 목표 달성에 실패했을 때 생길 수 있는 고통을 최대한 많이 찾아라. 중독, 낯가림, 흡연, 게으름, 주의 산만 등 벗어나고 싶은 삶의 걸림돌이 무엇이든 고통이 따른다. 고통을 수집해라. 인간은 고통을 피하고자 한다. 그러므로 행동에 박차를 가할 고통을 찾아내자. 어떤 고통이 당신을 행동하게 할까? 어떤 고통이 정신과 육체를 움직이고 능동적으로 변하게 할까?

　동기와 관련된 이야기 하나를 더 보자. 이 이야기는 나의 관점과 행동을 근본적으로 바꿔놓았다. 나는 오랫동안 깊이 생각해 왔다. 사람들은 삶의 어떤 영역에서 스스로 기쁨을 없앴을까?

노인의 이야기

한 노인이 매일 아침 빵을 사러 빵집까지 걸어갔다. 노인은 지팡이가 있어야 걸을 수 있었고 아주 천천히 걸어야 했다. 그러나 빵집에 다녀오는 일은 그에게 매우 중요했다. 모닝커피에 갓 구운 크루아상이 빠져선 안 되기 때문이다. 어느 날 동네 아이들이 길목에 숨어 노인을 기다렸다. 노인은 아이들을 알지 못했고 그저 13세쯤 되겠구나 예상했다. 아이들이 노인을 놀렸다. 노인의 지팡이를 빼앗고 밀치고 돌을 던지고 침을 뱉었다. 노인은 그냥 당할 수밖에 없었다. 다음 날 노인은 다시 빵집으로 향했다. 아이들이 놀림감을 기다리고 있었다. 그들은 노인을 괴롭히는 일을 아주 재밌어했다. 하루가 지났다. 아침이 밝았고 노인은 크루아상을 사기 위해 길을 나섰다. 아이들이 다시 기다리고 있었다. 노인이 말했다. "나를 화나게 하는 아이에게는 1유로를 주겠어!" 두 번 말할 사이도 없이 아이들은 더 신이 나서 노인을 괴롭혔다. 당연히 모든 아이가 약속된 돈을 받았다. 다음 날 노인은 아이들에게 말했다. "오늘 나를 화나게 하는 아이에게는 50센트를 주지!" 아이들은 전날보다 적어진 돈에 실망했지만 노인을 괴롭혔다. 노인이 다음 날 아침에 말했다. "오늘 나를 화나게 하는 아이에게는 10센트를 주겠어!" "에이, 너무 적잖아요!" 아이들이 항의하듯 소리쳤으나 노인은 10센트를 고집했다. "싫어요. 돈이 너무 적어요." 아이들은 노인을 괴롭히는 일에 흥미를 잃었다. 이때부터 노인은 평온을 되찾았고 아무 방해 없이 빵집으로 갈 수 있었다.

왜 이런 일이 발생했을까? 돈이라는 동기가 아이들에게 어떤 영향을 미쳤을까? 노인을 괴롭히며 얻었던 아이들의 즐거움이 돈이라는 보상으로 대체되었다. 아이들은 행위(내적 동기, 일 자체의 재미)의 즐거움을 잃고 보상의 기쁨을(외적 동기, 보상이나 처벌을 통한 기쁨) 얻었다. 행동 동기가 바뀌었다. 즐거움이 보상으로 대체되었다. 어떤 일을 할 때 보상은 순수한 즐거움을 죽인다.

오로지 보수와 인정을 위해 일을 하면 일 자체의 즐거움이 저절로 사라진다. 특히 취미를 이용해 돈을 벌고자 할 때 이런 일이 종종 벌어진다. 아주 일반적인 고용 관계에서도 이런 일이 목격된다. 우리는 돈을 받고 일을 한다. 그리고 언젠가부터 정말로 그 일이 좋아서가 아니라 돈을 받기 때문에 일을 한다. 보수가 높아져 그것이 행동의 대표 동기가 되면 그 행동에서 얻는 내적 기쁨은 죽는다. 이런 순간이 오면 반대로 방향을 틀어야 한다. 돈이 주는 이익은 장기적으로 당신을 만족시킬 수 없기 때문이다. 당신이 좋아하는 일을 해라. 그러면 그 일을 아주 잘할 수 있다.

3

당신은 진짜로
불행한 사람인가?

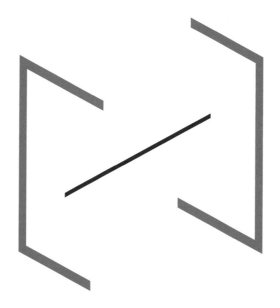

사전에서 위기는 위험의 정점이나 전환점이 되는 힘든 상황이나 시기로 설명된다. 과거에는 중년의 나이에 갑자기 맞닥뜨려 삶이 완전히 달라지는 것을 '중년의 위기'라 불렀다. 오늘날에는 인생에서 대략 서너 번의 위기를 맞는다. 세대는 점점 빠르게 바뀌어 삶의 위기도 빠르게 오고 빠르게 간다. 50대 직장인은 다시 젊어지길 바라고, 매너리즘에서 벗어나고자 젊고 발랄한 사람들과 시끌벅적하게 논다. 새 차, 명품 가방은 그가 가진 수많은 장난감 가운데 하나일 뿐이다. 대학생은 졸업 후 뭘 하면서 살아야 할지 구체적인 계획이 없고, 그래서 해양 레저를 즐기면서 좌절감과 우유부단함을 애써 외면한다. 3년 뒤에도 딱히 달라진 건 없지만 적어도 마침내 자기 자신을 찾기 위한 새로운 여행지를 발견한다. 자식들을 모두 독립시킨 어머니는 직장을 그만두고 동물 호텔을 개업하고자 한다. 그녀는 자기 삶이 무의미해졌고 사랑을 너무 많이 베풀어 이제는 남은 사랑이 없는 것 같고 속이 텅 빈 것만 같다.

삶을 급진적으로 바꾸고 자신의 결정을 후회하기 시작하고 현재의 자신에 만족하지 못하는 이유는 인식 때문이다. 부정적이든 긍정적이든 모든 감정의 책임은 인식에 있다. 인식은 언제나 현실과 일치하진 않지만, 우리는 인식을 토대로 현실을 구성한다.

삶의 위기가 어째서 인식의 문제에 불과한지, 그리고 그것에 대처하는 방법은 무엇인지 알아보자.

생각이 현실을 만든다

먼저 인식의 개념부터 정의해 보자. 인식은 주관적이다. 우리는 감각 기관으로 인식한다. 인식은 종종 학습된다. 인식은 개인의 관찰과 평가의 결과다. 이 과정은 대부분 무의식적으로 진행된다. 당신의 인식은 당신의 현재 상태(허기, 피로, 기분, 취향)에 좌우된다.

배가 고프면 모든 식당이 눈에 들어온다. 피곤하면 모든 안락한 장소가 눈에 띈다. 컨디션이 좋지 않으면 주변의 모든 것이 보통 때보다 더 부정적으로 인식된다. 특정 드라마의 팬이면 그 드라마와 관련된 모든 우호적인 기사에 기분이 좋아진다. 개를 싫어하면 개와 관련된 모든 것(강아지 물통, 반려견 놀이터라고 적힌 표지판, 강아지가 그려진 양말, 마트에 진열된 반려견 사료)에 거부감이 든다. 어떤 장소에 혐오스러운 상징이 있으면 우리는 그 장소 전체를 나쁘게 평가한다. 자신을 실패자로 여기기 시작하면 실패자라는 판단을 사실로 만드는 온갖 근거들이 눈에 띌 것이다. 이혼 경험 때문에 이성에게 거부감이 드는가? 그렇다면 당신은 남자 택배원과 여자 택배원을 다르게 인식하고 다르게 대할 것이다.

네 남자 이야기

중년 남성 네 명이 시내를 걷는다. 건축가, 식당 사장, 자동차 딜러, 판매원인 네 남자는 이런저런 대화를 나누며 걸은 뒤 카페에 자리를 잡았다. 자동차 딜러가 말한다. "포르셰가 끝내줬어. 봤어?" 판매원이 대답한다. "아니, 못 봤어. 하지만 미니스커트를 입은 섹시한 여자는 봤지. 정말 섹시했어! 못 봤어?" 건축가가 말한다. "포르셰도 여자도 나는 못 봤어. 놀라운 건축물에 정신이 온통 팔렸었거든. 아주 훌륭한 건축이었어. 못 보고 지나칠 수가 없었을 거야!" 식당 사장이 끼어든다. "재미있군. 나는 식당과 메뉴들만 살폈거든. 특히 한 곳의 가격이 아주 저렴했어! 그 가격이면 아마 맛도 형편없을 거야. 게다가 메뉴 구성도 좋지 않았고!"

건축가는 건축물만, 여자를 좋아하는 사람은 여자만, 자동차 딜러는 자동차만, 식당 사장은 메뉴판만 보았다. 네 남자는 같은 길을 걸었지만 전혀 다른 것을 인식하고 경험했다. 이것을 '선택적 인식'이라고 부른다. 우리의 현실은 주관적이고 사람에 따라 다를 수 있다. 몇몇 경험은 사실이 아닐 수 있다는 뜻이 아니라 저마다 특정 사물에 주의를 더 많이 기울이고, 그래서 더 많은 의미를 부여한다는 뜻이다. 네 남자는 각자 다른 사물을 중요하게 보았고, 더 많은 의미를 부여했고, 그렇게 자신의 현실을 만들었다.

현실은 언제나 우리가 인식한 것들의 합이다.

어떤 것(상황)에 대한 평가는 무의식적으로 그와 관련한 생각에 영향을 미친다. 이것을 알아야 하는데, 우리는 종종 이런 '후광 효과'를 기반으로 잘못 평가하기 때문이다. 잘못된 평가는 사실에서 동떨어진 사고와 감정으로 안내한다.

양복 차림의 남자를 보면 우리는 그를 성공한 사람이라 여긴다. 그가 정말 성공한 사람일까? 어쩌면 결혼식에 가는 길이고 사실은 실업자일 수 있다. 길에서

3 ✦ 당신은 진짜로 불행한 사람인가?

뚱뚱한 사람을 보면 우리는 그가 자제력이 없을 거라 여긴다. 어쩌면 그는 자제력이 매우 높은 성공한 사업가이고 그저 스트레스 해소에 음식을 이용했을 뿐일지 모른다. 팀원들은 팀장이 더 많이 더 잘 알 것이라 여긴다. 이제 갓 팀장이 되었고 팀 업무를 처리해 본 경험이 없다면 이런 추론 역시 틀릴 수 있다. 대학 졸업자는 지성인이라는 생각 역시 대화 몇 분 뒤에 착각이었음을 알게 될 수 있다.

우리는 무의식적으로 한 가지 특징을 보고 그것을 근거로 다른 특징을 추측한다.

어떤 특징을 근거로 어떤 다른 특징을 추측하는가(시간을 내서 열 개 정도 연상 고리를 찾아보라)?

_____

_____

_____

_____

_____

_____

_____

_____

_____

_____

인생을 바꾸는 질문들

자동차 광고에 왜 미남, 미녀가 등장한다고 생각하는가? 그렇다. 후광 효과 때문이다. 그들의 미모가 자동차를 빛나게 한다. 구매자의 눈에 자동차가 아름다운 모델처럼 매력적으로 보인다. 자동차와 근사한 모델이라는 두 가지 자극이 합쳐져 후광 효과를 낸다. 요구르트 광고에 뚱뚱한 사람을 모델로 써서는 후광 효과를 낼 수 없을 것이다. 건강한 음식으로 인식되고 여성 친화적으로 보이려면 맥도 널드는 날씬한 여성을 광고 모델로 쓰고, 아동 친화적으로 보이고 싶으면 어린이 모델을 쓴다.

후광 효과를 이용한 광고가 기억나는가? 그 광고는 어떻게 인식되기 위해 어떤 자극을 이용했는가(다섯 가지를 적어라)?

광고계는 원하는 이미지로 인식되기 위해 후광 효과를 의도적으로 사용하고, 소비자는 자신의 생각이 후광 효과로 인한 것임을 거의 의식하지 못한다. 해답은 올바른 질문에서 나온다. 나의 추론이 사실인가? 각각의 사물을 나는 어떻게 인식하는가? 나의 평가가 맞는가? 나는 후광 효과의 영향을 받는가?

지금 손목시계를 차고 있다면 그것의 색상, 글자, 소재 등 모든 세부 사항을 자세히 묘사해 보아라. 당신은 분명 디자인에 집중하여 몇 시인지는 인식하지 않았으리라. 평소 시계를 볼 때는 주로 시각을 확인하고 세세한 디자인은 인식하지 않는다. 그러므로 어디에 초점과 관심을 둘지 의식적으로 결정하고 조종하여 당신에게 유익하게 이용해라.

우리는 종종 우리 자신의 인식을 조작한다. 우리에게 도움이 되는 한, 이것을 반대할 이유는 없다. 그러나 동기 부여 대신 괴로움을 준다면 자신의 인식 습관을 비판적으로 관찰해야 한다.

심리 치료사 라파엘 보넬리Raphael Bonelli가 말하기를 부부 문제의 80%는 해결이 불가하다고 한다. 80%면 매우 높은 수치다. 이런 부부 문제들은 해결할 게 아니라 그냥 받아들여야 한다. 초점 바꾸는 법을 배워야 한다. 문제에 초점을 둬선 안 된다. 잘못되고 우리를 방해하는 일이 아니라 긍정적 측면을 인식해야 한다. 행복을 찾는 해답은 '수용', 한 가지뿐이기 때문이다. 행복은 주어진 현실을 수용하는 데 있다.

당신의 세계관, 자아상, 인생관을 살펴보자. 당신은 어디에 초점을 두는가? 일, 약점, 사람들을 어떻게 생각하는가?

다음의 문장을 즉흥적으로 완성해라.

세상은 온통 _____

나의 일은 _____

삶은 _____

사람들은 _____

나의 가장 큰 약점은 _____

사랑은 _____

나는 _____

처음 떠오른 생각이 바로 당신이 믿고, 의식적으로 찾고 인식하는 내용이다. 세상이 온통 멍청이로 가득하다고 믿는다면 당신은 선하고 지적이고 관대한 사람이 아니라 멍청이들만 발견하게 된다. 특정 약점에 초점을 맞추면 일상에서 계속 그 약점을 발견하게 될 것이다. 일이 고되다고 여기면 즐거운 업무는 보지 못하고 언제나 고된 업무만 발견한다. 아이들의 집중력이 약하다고 생각하는가? 그렇다면 당신은 아이들에게서 언제나 집중하지 못하는 모습만 보고 자제하고 집중하는 모습은 인식하지 않는다. 삶은 불공평하다는 관점을 가졌다면 당신은 이런 생각을 재확인해 주는 모든 것을 인식할 것이다.

행복은 당신 안에 있다

행복은 '지금, 여기'를 받아들이는 데 있다. 현재 상황을 받아들이고 그 안에서 평안할 수 있게 생활을 설계하는 것이 행복이다. 행복은 지금 여기에 산다는 뜻이다. 우울한 사람은 과거에 산다. 고통스러운 과거 상황을 계속 불러내기 때문이다. 공포증과 스트레스에 시달리는 사람은 미래에 산다. 혹시 벌어질지 모르는, 그러나 아직 벌어지지 않은 상황을 상상하기 때문이다. "행복해지려면 ○○○이 필요해." "○○○을 한 후에야 나는 만족하고 행복할 수 있어." 이런 잘못된 기본 관념은 현재 상황을 받아들이지 못한다는 증거다. 이런 믿음은 우리가 미래에 인과관계 사슬을 채운 후에야 비로소 만족할 수 있음을 시사한다. 지금, 이 순간에는 행복할 수 없다는 뜻이다. 앞에서 말했듯이 이런 조건들은 잘못된 인식과 잘못된 초점의 결과다. 이때 우리는 무력감과 절망감을 유발하는 외적 상황에 자기 행복을 맡긴다.

운동할 때 자신의 역량에 겨우 40% 정도 도달했는데, 당신은 더는 못 한다고 생각하고 중단한다. 그 사실을 알고 있는가? 당신은 아직 두 배 이상을 더 향상할 수 있다. 그러므로 할 수 없다, 능력을 발휘할 수 없다, 특정 목표를 이룰 힘이 없다고 말하지 말라. 당신의 육체와 정신은 당신이 생각하는 것보다 더 강하다. 우리는 자기 자신을 신뢰해야 한다. 자기 능력을 신뢰하는 것이 우리의 과제다. 자기 신뢰와 긍정적 미래 희망이 짝을 이루면 우리는 무적이 된다.

행복은 삶이 어떠하든 '예'라고 긍정하는 데 있다!

행복은 머리에서 시작된다. 행복은 생각에서 만들어진다. 이것을 깨닫고 의식적으로 인식하고 바르게 판단하고 작업하는 일은 쉽지 않다. 그러나 이 책이 당신을 도울 것이다. 당신은 점점 더 생각을 의식하게 될 것이다. 자신에게 묻고 답하면서 점점 더 자기 자신을 이해하게 될 것이다. 점점 맑은 정신으로 연관성을 알아차리고, 오랫동안 몰랐거나 잊었던 자신의 면면을 발견하게 될 것이다.

오래 생각하지 말고 다음의 문장을 완성해라.

_____ 하면 나는 행복하다.

_____ 하면 나는 행복하다.

_____ 하면 나는 행복하다.

_____ 하면 나는 행복하다.

_____ 하면 나는 행복하다.

이런 문장들을 읽으면 어떤 기분이 드는가?

_____

그 기분이 도움이 되는가?

_____

_____

나의 행복이 정말로 이런 조건에 좌우되는가?

_____

_____

3 ✦ 당신은 진짜로 불행한 사람인가?

다섯 가지 조건이 내일 실현된다면 나는 다른 사람이 될 수 있는가?

_____

_____

왜 그런가, 또는 왜 그렇지 않은가?

_____

_____

_____

_____

'가장 성공한 사람은 종종 가장 불행한 사람이다.' 이 문장은 은근히 기분 좋은 말이다. 다른 사람의 삶이 나의 삶보다 더 멋지고 성공적인 것처럼 보이기 때문이다. 이때 우리의 초점은 지금 없는 것, 갖고 싶은 것, 그래서 의식적으로 인식하고 찾는 것에 맞춰져 있다. 우리는 지금 결핍된 것에 관심과 초점을 맞추고, 소망하는 꿈의 아름다운 측면만 인식한다.

현실이 다르게 보인다. 우리가 보고자 하는 사물을 통해 인식이 왜곡된다. 초점이 행복/불행을 만든다.

독일에서는 실수를 나쁘게 보는 사고방식이 지배적이다. 우리는 잘못 진행되는 일에 초점을 둔다. 다른 사람의 결점을 지적하고 실수를 실패로 본다. 반면 미국에서는 실수가 수용된다. 실수를 통해 오답 하나를 더 찾아냈으므로 정답에 더 가까이 다가갔다고 여긴다. 나는 독일에서도 이런 관점과 문화를 더 많이 경험하길 바란다. 당신 역시 이 문단을 읽을 때 생기는 감정의 차이를 느꼈을 것이다. 어떤 실수 문화가 동기를 부여하고, 어떤 것이 좌절감을 주는가?

앞에서 작성한 문장을 가져와 다음의 문장으로 완성해라. 긍정적 관점을 재확인하고 더 논리적이고 타당한 근거가 있는 주장으로 바꿔라.

비록 _____ 라도 나는 행복하다.

왜냐하면 _____

_____ 에 감사한다.

왜냐하면 _____

나는 받아들이고 _____ 을 사랑하기 시작한다.

왜냐하면 _____

_____ 을 감사하게 생각한다.

왜냐하면 _____

나의 행복은 _____ 에 달렸다.

왜냐하면 _____

3 + 당신은 진짜로 불행한 사람인가?

강력한 근거가 있는 주장이 관점을 바꾸고 상황을 달리 보게 한다.

긍정적으로 표현된 문장을 읽을 때, 어떤 기분이 드는가?

_____

_____

_____

앞서 작성한 행복한 삶을 위한 조건들을 읽을 때는 어떤 기분이 들었나?

_____

_____

_____

긍정적 측면에 집중하고 당신에게 유익하도록 능동적으로 인식을 조종하려면 이런 긍정적 주장을 더 자주 이용해야 한다.

비교로 긍정의 힘을 길러라

곰곰이 돌이켜 보아라. 우리는 매우 자주 우리 자신과 다른 사람들, 특히 우리보다 더 잘 사는 사람들을 비교한다. 아프리카에 사는 거리의 아이들과 자신을 비교하는 사람이 몇이나 될까? "뭐 하러 그런 비교를 해?" 아마 많은 이가 이렇게 반문하리라. 그러나 그럴 필요가 있다! 자신을 억만장자, 모델, 유명한 배우나 축구 선수와 비교한다면 어떤 기분이 들까? 비교를 통해 우리가 잘 지내고 있음을 확인하고 감사함을 느끼지만, 자신을 게으르거나 하찮다고 느끼고 싫어하게 되는 경우도 많다.

친구가 큰 사고를 당해 휠체어에 앉으면 그제야 우리는 두 다리를 귀하게 여기기 시작한다. 친구의 아이가 교통사고로 죽은 뒤에야 우리는 아이의 형편없는 성적과 난장판인 방에 더는 화나지 않는다. 직장을 잃은 후에야 짜증 나는 동료와 독단적인 상사에 더는 흥분하지 않는다. 이별 후에야 상대의 좋은 점들이 떠오르고 눈에 거슬렸던 특징들은 완전히 사라진다.

당신의 집과 킴 카다시안의 집을 비교하면 당신은 더는 집에서 행복할 수 없다. 아프리카 원주민에 관한 다큐멘터리에서 20제곱미터 크기의 흙집에 열 명이 사는 모습을 보면 당신의 집이 매우 흡족할 것이다. 슈퍼모델이나 뚱뚱한 사람과 몸매를 비교할 때 어떤 기분이 드는가? 비교를 통해 스스로 자기 자신을 작게 만들고 자신의 앞길을 막아설 수 있다. 혹은 비교를 통해 감사함과 강함과 성공한 기분을 느낄 수 있다. 그것은 누구와 비교하느냐에 달렸다.

물론 추구할 만한 모범을 찾아 비교하는 것은 변화를 자극하고 동기를 부여할 수 있다. 그러나 비교할 모범이 당신의 현재 상태와 너무 멀리 떨어져 있어선 안 된다. 목표는 늘 현실적이고 도달할 수 있어 보여야 한다. 현재 출발점과 비교 대상의 차이가 너무 크면 부담감과 좌절감, 부끄러움, 정체감만 든다.

나의 발전과 외모, 현재의 삶에 감사함을 느끼려면 누구를 비교 대상으로 삼아야 할까?

_____

_____

_____

_____

_____

7장에서 감사함의 중요성을 한 번 더 다룰 예정인데, 감사는 행복하고 충만한 삶의 핵심 요소이기 때문이다. 우리는 감사를 통해 현재 상황을 있는 그대로 받아들이는 법을 배운다. 우리는 현재를 살고, 현재 가진 것에 감사한다.

혹시 지금 위기에 처했는가? 그것은 '진짜' 위기가 아니다. 그것은 당신의 인식일 뿐이다. 특정 대상의 부정적인 면이나 한 가지 측면에만 초점을 맞춘 견해일 뿐이다. 인식은 당신을 왕처럼 보이게 할 수도 있고 실패자로 보이게 할 수도 있다. 당신, 오직 당신만의 인식과 초점이 결정한다. 그러므로 주의 깊이 생각을 점검하고 올바른 질문을 해야 한다. 우리는 다른 사람의 실수보다 자신의 실수를 훨씬 더 극적으로 받아들인다. 다른 사람보다 자기 몸에서 더 많은 결점을 찾아낸다. 자신의 작은 결점, 뾰루지, 헝클어진 머리칼이 눈에 띈다. 다른 사람에게는 "에이, 별로 눈에 띄지도 않아!"라고 말한다. 이것은 솔직한 말이다.

인식은 실제 현실과 일치하지 않는다. 우리는 현실의 한 단면을 인식한다. 우리가 초점을 맞춘 특정 요소만 인식한다.

당신은 어떤 감각 유형의 사람인가?

우리는 감각 기관을 통해 인식하고 저마다 선호하는 인식 채널이 따로 있다. 인식 유형에 따라 메시지를 통역해 줄 메신저도 필요하다. 당신이 선호하는 인식 채널이 무엇이고, 좋아하는 사람에게 다가가고 싶으면 어떻게 해야 하는지를 배워 보자.

- 시각
- 청각
- 운동 감각(미각, 후각, 촉각)

인식 유형에는 눈으로 보는 시각 유형, 귀로 듣는 청각 유형 그리고 운동 감각 유형이 있다. 운동 감각 유형은 다시 미각 유형, 후각 유형, 촉각 유형으로 세분할 수 있다.

부부 사이에 종종 오해가 생긴다. 아내는 남편이 자기를 사랑하지 않는다고 생각한다. 아내가 그것을 말하면 남편이 대답한다. "나는 당신을 사랑해. 사랑한다고 자주 말하잖아!(청각 유형)" 아내가 맞선다. "아니, 당신은 날 사랑하지 않아. 나를 안아 주지도 않고(운동 감각 유형) 꽃도 안 주잖아!(시각 유형)" 아내는 사랑을 눈으로 확인하고 느끼고자 하는데, 남편은 사랑한다는 말에서 사랑을 느낀다.

시각 유형은 눈으로 확인하고자 한다(선물). 청각 유형은 귀로 듣고자 한다("사랑해"). 운동 감각 유형은 느끼고(포옹), 냄새 맡고(꽃), 맛보고자 한다(샴페인).

학교에서 종종 어떤 학생은 발전을 눈으로 확인해야 칭찬과 인정을 느낀다(숫자로 표시된 시험 점수, 칭찬 스티커). 어떤 학생은 칭찬을 귀로 듣고자 한다("아주 잘했어"). 또 어떤 학생은 사탕을 상으로 받아 그것을 먹을 때 인정받은 기분을 느낀다. 또 어떤 학생은 몸으로 느끼길 원하여, 어깨를 두드려 주면 인정받은 기분을 느낀다.

당신이 어떤 인식 유형인지 알아내라. 연인이 어떤 인식 유형인지 알아내라. 그래야 선호하는 '언어'로 메시지를 보내 이해되고 인식되고 느껴질 수 있다. 다음 표에 나열된 낱말들을 읽고 가장 먼저 떠오른 인식 유형에 표시해라. 두 가지 유형이 떠올랐다면 두 가지 모두에 표시해도 된다. 단 그 이상은 안 된다. 정답과 오답은 없다. 오직 당신의 인식만 있다.

유형별로 표시된 수를 더해라. 표시가 가장 많은 유형이 당신의 인식 채널이다. 물론 당신은 인식 채널을 하나 이상 사용한다. 그러나 이것이 가장 강렬하다. 당신의 인식 채널이 무엇인지 널리 알려라. 어떤 감각이 가장 효과적으로 전달되는지를 친구, 가족, 직장 동료, 연인에게 말해라. 앞으로 다른 사람과 대화할 때는 그 사람의 인식 채널을 사용하려고 노력해라. 어떤 인식 채널에서 사랑받고 인정받는다고 느끼는지 그들에게 진지하게 물어라. 당신 역시 이제 최적의 언어를 찾았으므로 어떨 때 가장 인정받는다고 느끼는지를 주변에 알려라.

	시각	청각	미각	촉각	후각
양초					
노을					
말					
해변					
가죽 바지					
책					
학교					
쿠키					
극장					
새해					
색연필					
전화					
고속도로					
비둘기					
장미					
베토벤					
자전거 타기					
일요일					
총합					

3 ✦ 당신은 진짜로 불행한 사람인가?

4

무엇이 두려운가?

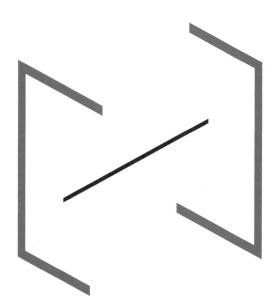

이 장에서는 전 세계에 퍼진 불치병인 스트레스를 다룰 뿐 아니라 두려움을 극복하는 방법도 배운다. 두려움과 스트레스는 아주 밀접한 관련이 있기 때문이다. 둘은 방아쇠도 같고 증상도 같다.

스트레스를 이용해 실력을 향상시켜라

신체의 긴장 상태가 오래 지속되면 우리는 그것을 스트레스라 부른다. 스트레스는 불안증이나 가벼운 공포증의 전 단계다. 두려움을 뜻하는 독일어 'Angst'는 고대 독일어 'angust'에서 유래했는데, 이 단어는 불분명한 압박감, 갑갑함, 위협감을 표현할 때 사용되었다. 스트레스는 불편감, 불안감, 무력감이다. 스트레스라는 용어는 일반적으로 힘겨운 상태를 포괄하는 개념으로 사용된다. 스트레스는 불쾌한 긴장 상태(스트레스 반응)뿐 아니라 유발 원인(스트레스 자극)도 뜻한다. 예를 들어 이렇게 말할 수 있다. "오늘 나 완전 스트레스 받았어." "고장 난 프린터가 스트레스야."

두려움과 스트레스는 겉으로 드러나는 증상이 똑같다. 동공 확장, 심박수 증가, 진땀, 목마름, 후들거리는 다리, 숨 가쁨 등. 일상의 관용적 표현이 스트레스와 두려움의 신체 동반 현상을 아주 정확히 묘사한다. 골치가 아프다, 기가 차고 코가 막힌다, 손발이 저리다, 숨이 턱 막힌다, 속이 뒤집어진다, 뒷골이 당긴다, 가슴이 철렁하다 등등. 절묘하다. 이런 관용적 표현은 우리가 어디서 어떻게 스트레스와 두려움을 느끼는지 정확히 보여 준다.

두려움/스트레스를 느끼면 몸에서 어떤 증상이 나타나는가?

_____

_____

_____

_____

_____

스트레스 반응과 두려움 반응이 차이가 있는가?

_____

_____

두 감정 상태는 신체 반응뿐 아니라 원인도 같다. 두려움과 스트레스의 방아쇠는 상상 속 위협이다. 아직 발생하지 않은 미래의 위협을 상상하기 때문에 두려움과 스트레스가 생긴다.

그러나 스트레스는 현대 사회의 발명품이 아니다. 스트레스와 두려움은 태

초부터 있었던 자연 반응이자 오늘날까지 유지된 매우 중요한 생체 반응이다. 매머드를 맞닥뜨렸을 때, 이 위험한 상황을 해결하려면 모든 힘과 주의력을 최고로 끌어올려야 한다. 매머드의 위협이 신체 반응을 일으킨다. 우리의 신체는 이 동물을 해치울 준비를 한다. 위험을 정확히 보기 위해 동공이 커진다. 최대한의 힘을 내기 위해 근육이 수축한다. 생존을 위해 총력을 기울여 에너지를 끌어모아야 하므로 심장이 빨리 뛰고 호흡이 가빠진다.

매머드를 해치울 수 있는 능력이나 도구(창, 칼)를 가졌다고 생각하면 우리는 싸운다. 이길 수 없을 것 같고 매머드를 해치울 능력(창 던지기 실력이 아직 부족하다)과 지식도 없으면 도주를 선택한다. 우리는 끌어모은 에너지를 싸움 혹은 도주 반응에 쓴다. 에너지를 투입한 뒤에는 긴장이 가라앉는다. 에너지가 소진되고 몸이 휴식에 들어간다.

현대 사회의 문제는 수많은 스트레스를 겪으면서도 끌어모은 에너지를 쓰지 않는 데 있다. 컴퓨터를 사용하는 것, 화를 내거나 걱정하는 것으로는 에너지가 소비되지 않는다. 몸을 움직여야 신체 에너지가 소비된다. 신체 운동이 필요하다. 그래야 옛날에 매머드와 싸우거나 도주할 때 썼던 에너지를 쓸 수 있다. 스트레스는 많고 해소 전략은 적기 때문에 우리의 스트레스 경보 장치가 고장 난다. 인식된 수많은 위협으로 오랫동안 긴장 상태에 있으면 몸은 점점 더 쉽게 스트레스 방아쇠를 당긴다. 그 결과 긴장은 점점 더 강해지고 몸은 생존 결투 상태가 유지된다고 믿는다.

스트레스는 점점 쌓이기 때문에 스트레스 방아쇠가 많을수록 긴장 수준도 높아진다. 임계점에 도달하기가 점점 더 어려워진다. 패닉, 공포 발작, 기절, 위장

출혈, 제어되지 않는 울음 등이 임계점일 수 있는데, 이런 임계점에 도달하지 못한 채 긴장이 계속 높은 상태로 있으면 병이 된다.

우리는 휴식과 이완이 필요하고 에너지를 충전해야 한다. 그래야 몸은 다음 도전에 완벽하게 대비하고 무장할 수 있다. 아무도 온종일 혹은 1년 내내 매머드에 맞서 싸우거나 도주할 수 없으므로 몸은 어느 시점에서 포기한다.

안타깝게도 우리는 이런 생존 결투나 위협을 스스로 만들어 낸다. 현대에는 정말로 목숨을 위협하는 사건, 자극-반응 사슬 작용을 일으키는 사건이 거의 일어나지 않는다. 당신은 언제 마지막으로 호랑이와 싸웠는가? 언제 마지막으로 결투장에서 목숨을 걸고 맨주먹으로 싸웠는가? 교통 체증이 자극-반응 사슬을 일으킬 정도로 목숨을 위협하는가? 프린터기가 싸움을 위해 에너지를 끌어모을 만한 스트레스 방아쇠인가?

나의 스트레스 방아쇠는 무엇인가?

_____

_____

_____

어떤 스트레스 방아쇠를 억제하거나 최소화할 수 있는가?

_____

_____

_____

어떻게 하면 이런 스트레스 방아쇠를 억제하거나 최소화할 수 있는가?

_____

_____

_____

근심(스트레스를 주는 생각과 두려움)을 다음의 범주로 분류하고, 총합이 100%가 되도록 각각 %를 기록해라.

중요하지 않은 근심   _____

바꿀 수 없는 근심   _____

발생한 적이 없는 근심   _____

중요한 근심   _____

               <u>100%</u>

근심의 몇 %가 실제로 발생했고 중요했는가?

_____

_____

근심의 대부분이 중요하지 않거나 바꿀 수 없거나 발생한 적이 없다면 앞으로 어떻게 근심에 대처해야 하는가?

_____

_____

_____

이 연습에서 무엇을 얻을 수 있는가?

_____

_____

_____

이런 (잘못된) 경보가 잦으면 우리의 몸은 계속해서 싸움 호르몬을 생산하고 생존을 위한 장기적인 생존 전투태세로 전환된다. 바로 이것이 번아웃과 자율 신경 장애를 일으킨다. 신체의 일부는 의지와 상관없이 무의식적으로 작동한다. 이른바 자율 신경계를 통해 자동으로 무의식적으로 조종된다(장, 심장, 간, 신장, 호르몬 등). 자율 신경계는 예를 들어 침과 위산 생산을 조종한다. 스트레스 상황에서 싸움 혹은 도주 모드에 있을 때, 대처에 필요한 신체 부위를 활성화하기 위해 그 외의 모든 '에너지 소비자'는 모든 작업을 중단한다. 우리가 원하든 원치 않든 간에 위협에 맞서는 긴 싸움은 몸과 정신을 망가뜨린다. 잘못된 경보와 예상 위협이 점점 더 많이 인식되면 몸은 결국 녹초가 되어 모든 걸 포기한다.

어떤 상황을 위험하다고 분류하는 순간 우리는 위협을 느낀다. 예상되는 사건을 위험으로 평가하자마자 두려움-자극 연쇄 반응이 시작된다. 스트레스를 만드는 것은 상황 자체가 아니라 상황에 대한 우리의 평가다.

두 가지 평가 형식이 두려움과 스트레스를 유발한다.

- 상황에 대한 부정적 평가: 불편한 사건이 발생할 확률을 과대평가한다(시험 문제가 너무 어렵다, 업무가 너무 많다).
- 자기 자신에 대한 부정적 평가: 주어진 과제를 처리하는 자기 능력을 과소평가한다(나는 관련 지식이 너무 부족하다, 나는 아직 그것을 할 수 없다).

한편으로는 예상되는 결과가 매우 나쁘고 그럴 확률 또한 높다고 평가한다. 다른 한편으로는 도전 과제를 해결할 자기 능력이 매우 부족하다고 생각한다. 상황에 대한 무의식적 평가가 두려움과 스트레스를 유발한다.

상황에 대한 두 가지 평가 형식 중에서 어떤 것이 스트레스 방아쇠를 당기는가?

_____

_____

_____

_____

_____

_____

우리는 몇몇 평가를 어린 시절부터 줄곧 가지고 있었고, 그것을 당연시한다.

"비가 오면 우울해진다." "나는 안개를 좋아한다." "나는 착한 아이다." "나는 땡볕이 싫다. 땡볕 아래에서 피부가 타고 땀이 나는 걸 누가 좋아할까?" 이런 문장들은 자동화된 평가다. 우리는 책, 파티, 스포츠, 브로콜리, 육류 등을 평가하듯 비 역시 재빨리 나쁘게/좋게 평가한다. 마음의 눈에 곧바로 플러스 혹은 마이너스(호불호)가 뜬다.

상황, 사람, 사물은 중립적이다. 당신이 그것을 평가하기 전까지는.

과거의 경험이 낳은 취향이 굳어져 평가에 영향을 미칠 수 있다. 어떤 사람은 비라는 단어에 기뻐하며 따뜻한 방에서 영화를 봐야겠다고 말하고, 어떤 사람은 비를 부정적으로 평가하고 처리해야 할 지루한 일들을 나열할 것이다.

당신이 비를 싫어한다면(머릿속에 '나는 비를 싫어해'가 저장되었으면), 비가 내리자마자 항상 기분이 나빠진다. 그러나 그럴 수밖에 없는 건 아니다. "나는 정말로 비를 싫어하나? 왜 나는 비를 싫어하지?"라는 질문으로 저장된 문장을 따져 묻고 이런 문장이 왜 저장되었는지, 이 문장이 여전히 유효한지 곰곰이 생각한다면 부정적 평가에서 벗어날 수 있다. 어렸을 때 고대했던 소풍이 비로 취소된 기억 때문에 비를 좋아하지 않게 되었음을 깨닫게 될지도 모른다. 혹은 비를 맞고 추위에 떨었던 기억이 이런 거부감을 만들었을지 모른다. 혹은 주변 사람들이 비를 싫어하기 때문에 당신도 덩달아 그렇게 된 것일 수도 있다.

의도적으로 평소 습관과 반대로 평가하고, 당신의 뇌가 싫다, 어렵다, 두렵다고 말하는 것을 때때로 과감히 단행하면 당신은 더 강해지고, 더 초연해지고, 회

인생을 바꾸는 질문들

복력이 더 좋아지고, 새로운 경험을 수집하고, 자동화된 평가 습관을 바꿀 수 있다. 그러므로 이제 비가 오면 일부러 외출해라. 비가 오기 '때문에' 조깅을 해라. 두려움에도 '불구하고' 약속을 잡아라. 부정적으로 여겼던 것들을 완전히 다르게 평가하게 될 것이다. 새로운 경험이 당신의 플러스와 마이너스 목록을 확장하고 자동화된 평가 습관을 수정하기 때문이다. 물론 여전히 비가 싫다는 결론에 도달할 수도 있다. 그래도 괜찮다. 적어도 비를 싫어한다는 확신이 생겼고, 그것으로 당신 자신에 관해 뭔가를 배웠으니까.

나쁜 스트레스

스트레스는 전 세계에 퍼졌고 치료되지 않는 채 방치되고 있다. 수많은 질병이 스트레스에서 비롯된다. 종종 벌어지는 일인데, 의사는 질병의 원인을 명확히 찾을 수 없으면 묻는다. "스트레스가 많으신가요?" 그렇다고 하면 스트레스를 질병의 원인으로 지목한다. 머릿속 상상이 병을 만든다는 것이다. "스트레스 때문입니다." 의사가 진단한다. 생각이 질병의 발생에 얼마나 강하게 관여하는지를 잘 알기 때문이다. 진단이 나왔으니 이제 어떻게 치료할까? 약! "처방전을 써 드리겠습니다. 통증이 완화될 겁니다." 약을 먹으면 증상은 완화되겠지만 질병의 원인인 스트레스의 방아쇠, 즉 머릿속 상상은 그대로다.

아픈 신체 부위를 통해 종종 문제가 어디에 있는지 힌트를 얻을 수 있다. 예를 들어, 한 친구의 목에 물혹이 생겼다. 그는 별일 없이 잘 지냈다. 그러나 그의

4 ✦ 무엇이 두려운가?

성장 과정을 보면 평생 자기 의견을 제대로 말한 적이 없었고 지금도 그렇게 살고 있다. 그는 모든 것을 꾹꾹 눌러 삼켰다. 정확히 목에 스트레스가 쌓였다. 어떤 친구는 자주 두통에 시달린다. 스트레스가 있을 때마다 두통이 끈질기게 찾아온다. 모든 일에 골치를 앓은 결과다. 시험 공포증이 있는 학생은 압박감에 아무것도 먹지 못한다. 스트레스와 두려움이 속을 거북하게 한다. 나는 열아홉 살에 원형 탈모를 앓았다. 잘 가려져 있어서 몰랐는데 미용사가 알려 주었다. 당시 나는 말 그대로 머리를 쥐어뜯는 상황에 있었다. 원형 탈모는 내게 꼭 필요한 신호였다. 당시 나는 좋은 성적을 위해, 일을 잘해 내기 위해, 회사를 차리기 위해, 그러면서 동시에 개인적으로 성장하기 위해 머리카락을 쥐어뜯었기 때문이다. 그 후로 나는 나 자신에 더 많은 주의를 기울이기 시작했고, 휴식에 더 신경을 썼고, 적극적으로 이완의 시간을 가졌고, 생각을 자세히 들여다보았다. 그러자 신기하게도 탈모 증상이 사라졌다. 하지만 머리카락이 빠진 빈자리가 다시 채워지기까지는 아주 오랜 시간이 걸렸다.

휴식과 이완의 시간 없이 너무 오래 지속되는 스트레스는 나쁜 스트레스다.

좋은 스트레스

스트레스뿐 아니라 두려움 역시 기쁨, 슬픔, 분노처럼 모두가 알고 한 번쯤 느꼈을 보통 감정이다. 두려움은 인간의 본능이라 기술이 고도로 발달한 현대에도 사라지지 않는다. 오늘날 스트레스 방아쇠가 더 복잡해지고 다양해졌다. 교통 체증,

직장의 기술 변화, 소음, 바쁜 생활 방식이 높은 긴장을 유발한다.

두려움은 생존을 위한 필수 감정이다. 석기 시대의 인류에게만 그랬던 건 아니다. 현대에도 두려움은 필요하고 필수적이다. 두려움은 에너지를 끌어모아 최적의 신체 상태를 준비하여 최고의 능력을 발휘하게 한다. 이 사실을 알면 우리는 두려움을 회피하지 않고 오히려 도움을 주는 중요한 조수로 활용할 수 있다. 학창 시절 마지막 순간에 벼락치기로 숙제를 하거나 시험공부를 했던 적이 있지 않나? 갑자기 최고의 능력이 발휘되었다! 두려움과 스트레스가 없었다면 그런 초능력은 발휘되지 못했으리라. 그러나 이런 스트레스에는 중요한 차이점이 있다. 이는 우리에게 과도한 부담을 주지 않는다. 그것은 에너지를 끌어모으고 박차를 가하여 결과를 내도록 돕는다.

스트레스는 좋은 친구다.
이 친구는 도전 과제를 끝내는 데 필요한 에너지를 준다.

두려움은 신체적, 심리적 반응을 일으킨다. 이 과정은 사람을 가리지 않고 언제나 똑같이 특정 패턴을 따른다. 아드레날린 수치가 올라가고 근육이 긴장하고 호흡이 빨라지고 심장이 더 빨리 뛴다. 위험 상황에 재빨리 반응할 수 있도록 신체가 준비한다.

두려움뿐 아니라 스트레스도 위험 신호에 주의를 집중하게 만든다. 그래서 동공을 확장하여 잠재된 위험 요소를 못 보고 지나치지 않게 한다. 두려움과 스트레스 덕분에 우리는 위험한 상황에서 조심하고 위기를 자초하지 않는다. 밤에 깜깜

한 도로를 걸을 때, 아드레날린 수치가 상승한다. 청각이 예민해지고 주변의 소리와 움직임에 주의를 기울인다. 두려움을 느끼지 못한다면 우리는 함부로 불에 뛰어들어 화상을 입거나 100미터 높이 다리에서 뛰어내려 죽을 것이다. 두려움은 위험을 경고하는 중요한 감정이고 생존을 위해 반드시 있어야 한다.

미국의 한 연구팀이 놀라운 사실을 알아냈다. 연구팀은 스트레스를 실험했다. 피험자들을 두 집단으로 나눴다. 첫 번째 집단은 과도한 스트레스에 노출될 것이고 과제를 가능한 한 빨리 풀어야 한다는 안내를 들었다. 두 번째 집단은 똑같은 안내를 들었지만, 스트레스가 신체를 자극하여 오히려 과제 해결에 도움이 되고 우수한 결과를 내게 할 것이라는 설명을 추가로 들었다.

연구팀은 피험자 두 집단을 한계 상황으로 몰았다. 질타와 닦달에 시달리고 고함을 들은 피험자들에게 신체적 스트레스 징후가 강하게 나타났다.

결과는 예상대로였다. 스트레스가 긍정적이고 필요한 에너지를 끌어모은다는 설명을 들었던 집단이 명확히 더 좋은 결과를 보였다. 주어진 과제를 80% 더 빨리 풀었고, 정답률이 두 배로 높았으며 피로도 역시 낮았다. 그들은 집중력을 더 많이 발휘했고 신체적 스트레스 징후가 나타났지만 다른 집단만큼 강하지는 않았다. 심장 박동이 빨라졌지만 비교적 안정적으로 유지되었다. 다른 수치들도 위협적이지 않았다. 그들은 과제 해결에 과도한 부담을 느끼지 않았다. 반면 첫 번째 집단은 실험이 계속될수록 신체 수치가 건강에 해로운 수준에 도달했다.

여기서 우리는 무엇을 배울 수 있을까? 스트레스가 긍정적인 것이고 눈앞의 도전 과제를 최적으로 해결할 수 있는 신체 상태로 만들어 준다는 사실을 알면 정말로 스트레스는 우리를 방해하기는커녕 오히려 도움을 준다. 그러므로 스트레스를 긍정적으로 봐야 한다. 도전 과제를 해결하도록 돕는 중요한 신체 반응으로 이해해야 한다. 스트레스는 중요하고, 우리에게 에너지와 끈기를 주어 최고의 실력을 발휘하게 돕는다. 단 나중에 이완기가 있어 스트레스를 해소할 수 있을 때만 그렇다. 적당한 긴장과 스트레스는 우리에게 활력을 불어넣는다.

스트레스를 도전 과제로 이해하고 그것이 끌어모으는 에너지를 긍정적으로 사용할 수 있을 때, 우리는 이것을 유스트레스eustress라고 부른다. 반대로 부정적 스트레스는 디스트레스distress라고 부른다. 운동선수가 중요한 대회에서 느끼는 긴장, 결혼식이나 생일 같은 특별한 날에 느끼는 흥분은 유스트레스다. 라틴어 접두어 'eu'는 좋다는 뜻이고, 'dis'는 나쁘다는 뜻이다.

최고의 실력을 발휘하는 데 스트레스가 도움이 되었던 적이 있는가?

_____

_____

_____

_____

_____

그러므로 스트레스는 매우 좋고 유의미할 수 있다. 스트레스는 끈기와 집중력을 강화하여 최고의 힘과 실력을 발휘하게 돕는다. 불필요한 스트레스와 두려움에 움츠러들거나 부담을 느끼는가? 그렇다면 이제 스트레스와 두려움의 방아쇠인 머릿속 상상을 다룰 때가 된 것이다.

두려움은 허구다

두려움과 스트레스를 유발하는 방아쇠는 실제 상황이 아니라 그런 상황일 거라는 머릿속 상상이다. 예를 들어 누군가 당신에게 사탕을 준다고 가정해 보자. 당신은 자동으로 '어떤 맛일까?, 혀에 닿는 촉감은 어떨까?, 얼마나 맛있을까?'를 상상한다. 그리고 기분이 좋아진다. 이제 누군가 이 사탕의 유통 기한이 5년이나 지났다고 말한다면 어떨까? 이 정보로 사탕의 가치가 바뀐다. 당신의 상상도 바뀌고 그로 인한 감정과 행동 역시 바뀐다. 이제 머릿속에서 사탕은 너무 오래되어 상했고 달콤하지도 않고 입맛마저 떨어트린다. 먹고 싶은 욕구가 싹 사라진다.

10미터 높이에서 다이빙하기가 두렵다면 그 원인은 높이나 물이 아니라 다칠지도 모른다는 당신의 상상이다. 프레젠테이션이 스트레스를 준다면 그 원인은 프레젠테이션 자체가 아니라 당신이 상상하는 다른 사람들의 행동과 반응이다. 예상되는 청중의 평가가 당신을 떨게 한다. 혼자 집에서 발표할 때는 아무런 두려움도 없고 스트레스 반응도 없으니 말이다.

최악의 상황을 상상하면 두려움과 불편감이 차오른다. 그러나 이런 공포를 만들어 내는 상상은 대개 사실과 다르고 그저 예상되는 최종 상황일 뿐이다.

두려움은 그것에 직면하여 맞설 때 비로소 사라진다. 맞닥뜨리기 전까지는 부정적 상상과 평가가 변하지 않기 때문이다. 거미와 곤충을 무서워하고 그것 때

인생을 바꾸는 질문들

문에 스트레스를 받는 사람들이 많은데, 어떤 상상이 그들을 두렵게 하는 걸까? 내 주변에는 계획하지 않은 뜻밖의 일이 벌어지면 패닉에 가까운 공포를 느끼는 사람도 있다. 주중이든 주말이든 그들은 항상 무슨 일이 있을지 미리 알고 있어야만 한다.

두려움은 부정적 사고, 평가, 소망, 기대, 사고방식을 통한
인지 왜곡으로 생겨난다.

새롭고 낯선 모든 일은 긍정적 경험으로 그 상황을 새롭게 평가할 수 있기까지는 우선 위협으로 다가온다. 일상에서 벗어나는 일, 루틴을 깨는 도전은 성숙한 인격 형성을 위해서도 언제나 좋다. 새로운 도전은 생활에 활력과 자극과 힘을 준다. 새로운 상황은 면역력과 회복력을 강화한다.

아침 루틴을 바꿔 봐도 좋고, 새로운 취미를 찾아봐도 좋고, 새로운 자리에 앉아 보는 것도 괜찮다. 책상의 오른편에 앉았다면 왼편으로 바꿀 수도 있다. 연필꽂이 위치만 바뀌어도 집중, 놀람, 자극의 효과가 있다. 이런 연습을 통해 우리는 낯선 것이 반드시 나쁜 것만은 아님을 배운다. 우리는 개방성을 배우고 성급한 부정적 평가를 줄인다.

도전 상황을 위해 어떤 작은 변화를 시도해 볼 수 있는가?

_____

_____

어떻게 생각하느냐가 기분을 좌우한다. 감정은 생각에 대한 반응이고 그것이 행동을 결정한다. 감정의 원인이 생각임을 알아야 한다. 스트레스, 두려움, 흡연 욕구, 게으름, 자신감 부족, 불만족 등은 머릿속에서 만들어진다. 두려움이 생겼다면 당신을 두렵게 하는 뭔가를 생각하거나 떠올렸거나 상상했기 때문이다. 당신을 두렵게 한 것은 머릿속 상상이지 실제 상황이 아니다. 자신에게 물어라. '이 두려움은 진짜인가? 아니면 나를 두렵게 하는 머릿속 상상에 불과한가?'

대부분 진짜가 아닐 것이다. 두려움을 유발하는 상상은 사실이 아니고, 부정적 감정은 생각의 결과일 뿐 현실이 아니다. 예를 들어 수많은 여성이 침입자를 두려워한다. 두려움은 실존한다. 그러나 두려움을 만든 건 사실이 아니라 상상이다. 그러므로 두려움은 진짜가 아니고 많은 경우 쓸데없는 걱정이다.

어떤 상황을 위협적으로 평가하면 두려움 같은 부정적 감정을 느끼게 된다. 어떤 상황을 긍정적이고 편안하다고 평가하면 기쁨이나 행복감, 자부심 같은 긍정적 감정을 느낄 것이다. 상황을 어떻게 평가하느냐에 따라 기분이 결정된다. 상황을 어떻게 경험하느냐는 당신의 평가에 달렸다. 그러므로 같은 상황이라도 다양한 반응과 기분을 유발할 수 있다. 이것을 알았으니 우리는 이제 우리 자신을 조종하고 관리할 수 있다.

상상의 힘으로 두려움을 없애라

다음의 시나리오를 가능한 한 상세하게 상상해라.

테라스에 앉아 전화 통화를 했다. 이웃의 전화였고, 도둑의 침입 시도 소식을 들었다. 당신은 신선한 공기를 크게 들이마시고 몸을 돌려 침실 쪽으로 간다. '이제 자야지. 내일 일찍 나가야 하잖아.' 당신은 생각한다. 이를 닦고 옷을 갈아입는다. 이제 침대에 누워 있다. 전등을 끄고 이불을 폭 올려 덮는다. 보들보들한 침대 시트가 기분 좋게 살갗에 닿고, 매트리스는 편안하게 폭신하다. 몸은 노곤해도 정신은 말짱하다. 내일 있을 일을 생각한다. 갑자기 밖에서 이상한 소리가 들린다. 이웃집에 들었던 침입자가 생각난다. 등골이 오싹하며 가슴이 뛰지만 움직일 자신이 없다. 몸이 반응하여 심장 박동이 빨라지고 입이 바짝 마르고 숨이 가빠진다. 그때 문득 떠오른다. 테라스 문을 잠그지 않았구나!

어떤 기분이 드는가? 어떤 행동을 할 것인가?

_____

_____

_____

_____

_____

이상한 소리를 침입의 증거로 생각한다면 두려울 것이다. 그 결과 당신은 어떻게 방어할지, 누구에게 전화할지, 침입자를 어떻게 제압하거나 쫓아낼지를 생각하게 된다. 이런 생각은 침입자가 있을 거라는 상상을 현실로 만들어 당신은 정말로 침입자인지 따져 보지 않고 어떻게 반응할지만 생각한다.

두려움은 점점 더 커진다. 이어진 생각을 통해 머릿속 상상이 점점 더 강하게 두려움을 키우기 때문이다. 머릿속에서 위협이 명료해질수록, 두려움은 더욱 강해진다.

그러나 완전히 똑같은 상황이라도 당신이 그것을 위협으로 상상하지 않는다면 아무렇지도 않을 수 있다. 예를 들어 테라스를 휙 지나치는 고양이를 봤다면 똑같이 이상한 소리를 들었더라도 침입자가 아니라 고양이를 떠올리고 상황을 다르게 평가하여 두려운 기분이 들지 않을 것이다.

저녁에 테라스에서 길고양이와 논다. 고양이는 아주 어리고 장난기가 많아서 우당탕탕 시끄럽다. 당신은 신선한 공기를 크게 들이마시고 몸을 돌려 침실 쪽으로 간다. '이제 자야지. 내일 일찍 나가야 하잖아.' 당신은 생각한다. 이를 닦고 옷을 갈아입는다. 이제 침대에 누워 있다. 전등을 끄고 이불을 폭 올려 덮는다. 보들보들한 침대 시트가 기분 좋게 살갗에 닿고, 매트리스는 편안하게 폭신하다. 몸은 노곤해도 정신은 말짱하다. 내일 있을 일을 생각한다. 갑자기 밖에서 이상한 소리가 들린다. 당신은 즉시 새끼 고양이를 떠올리고 싱긋 웃으며 고양이를 쓰다듬는 상상을 한다. 몸이 이완되고 눈이 스스로 감긴다. 그때 문득 떠오른다. 테라스 문을 잠그지 않았구나!

어떤 기분이 드는가? 어떤 행동을 할 것인가?

_____

_____

_____

_____

_____

_____

　　고양이는 위협이 되지 않으므로 계속 침대에 편안히 누워 있을 수 있다. 혹은 아무 문제없이 테라스로 가서 문을 잠글 것이다. 그러나 침입자를 상상한다면 반응, 기분, 행동은 완전히 다를 것이다.

　　만약 이날이 생일이었다면 당신은 침입자가 아니라 깜짝 손님을 예상할 것이다. 이것 역시 전혀 위협이 아니므로 몸은 스트레스 반응을 보이지 않고 에너지도 끌어모으지 않고 '경보음'도 울리지 않을 것이다. 당신은 분명 사랑받고 인정받는 기분이 들어 기쁠 것이다.

　　이렇듯 생각은 두려움과 스트레스뿐 아니라 기쁨과 의욕, 감탄도 좌우한다. 당신의 생각을 지배하는 권력은 오로지 당신에게만 있으므로 당신의 생각을 바꿀 수 있는 사람 또한 당신뿐이다.

　　의욕이 넘칠지 무기력할지, 감탄할지 화가 날지, 모든 감정은 당신 책임이다. 그것은 막대한 책임인 동시에 더 큰 기회다.

활력과 휴식을 위해 특정 감정을 원한다면, 지금 소망하는 다양한 감정과 행동을 원한다면 상상을 통해 그것을 얻을 수 있다.

스트레스에서 벗어나는 전략

말했듯이 우리의 세계는 생각의 결과다. 우리는 생각을 의식적으로 조종한다고 믿지만, 사실 우리가 인식하는 대부분은 무의식적으로 조종된다. 우리가 보는 것은 현실의 한 단면일 뿐 온전한 사실이 아니고 종종 다른 사람들이 본 것과 일치하지 않을 수 있다. 부정적 상상에서 벗어나려면 인식을 조종해야 한다. 그래야 예상되는 위험한 미래에서 벗어나 지금 여기에 발을 딛고 설 수 있다.

자극(스트레스, 두려움, 분노, 절망, 부끄러움, 슬픔, 질투, 긴장)이 아직 약할 때라야 인식을 의식적으로 조종할 수 있다. 감정이 너무 격해지고 신체 증상이 나타나기 시작하면 명료하게 생각하고 인식을 조종하기는 거의 불가능하다. 인식 조종에는 많은 연습과 주의집중이 요구된다.

그러므로 부정적 상상이 스트레스를 만드는 상황에서 어떻게 반응할지, 부정적 상상과 그로 인한 감정 및 행동을 긍정적 방향으로 바꾸려면 어떤 생각을 해야 하는지 미리 계획을 짜둘 필요가 있다.

부정적 상상이 떠오르고 그것에서 벗어나고 싶어지는 즉시 방향을 바꿔야 한다. 부정적 상상과 스트레스의 악순환에 빠지지 않게 도와줄 몇몇 전략을 여기에 소개한다.

- 휘파람 불기
- 노래하기
- 북 치기
- 얼굴 찡그리기
- 근육 긴장하기(그리고 다시 이완하기)
- 스케치하기/낙서하기
- 사물을 주의 깊게 관찰하고 묘사하기(색, 형태, 재료)
- 사람들 관찰하기
- 집중해서 음악 듣기
- 악기 연주하기
- 운동하기
- (거꾸로) 숫자 세기
- 친구와 통화하기
- 냄새 맡기(연필, 수건, 양초 등)
- 고요한 장소 생각하기(바다, 산, 휴양지 등)
- 계획 짜기(내일/휴가)

앞의 목록에 이미 알고 있는 전략이 섞여 있는가? 이런 전략을 언제 쓰는가?

_____

_____

_____

어떤 생각으로부터 주의를 돌리고자 하는가?

_____

_____

_____

부정적 미래 상상에 어떤 전략을 쓸 수 있을까?

_____

_____

_____

어떤 상황에서 이런 전략이 도움이 될지 상세히 적어라.

_____

_____

_____

상황을 상세히 상상한 다음, 전략을 써 봐라. 이 전략은 생각, 감정, 행동에 어떤 효력을 내는가?

_____

_____

_____

_____

인생을 바꾸는 질문들

뒤에서 우리는 패닉 발작에 유용한 '접지grounding'라는 이름의 또 다른 기술을 배우게 될 것이다. 이 기술은 부정적인 미래를 상상하는 것에서 벗어나 지금 여기에 발을 붙이고 설 수 있게 도와준다. 이 자리에서 분명히 밝히건대, 순간적으로 주의를 다른 곳으로 돌리는 전략은 효과가 좋고 당신을 미래에서 현재로 확실히 데려오지만, 이런 단기 전략은 장기적으로 도움이 되지 않는다. 분노와 스트레스에 장기적으로 대처하려면 불편한 상황을 직시하고 생각을 작업하고 계속해서 훈련해야 한다.

중독은 갈망에서 온다.

우리는 종종 주의를 돌리기 위해 중독성 물질을 찾는다. 담배, 커피, 스포츠, 섹스, 술, 약. 그러나 우리는 진짜 중독 대상을 갈망하는 것이 아니라 뭔가 다른 것을 찾는 것이다. 중독은 주의 돌리기의 한 전략이다. 중독성 물질은 부분적으로나마 결핍을 채워 준다.

그러므로 마약은 친밀감과 애정의 결핍을 잊기 위한 수단일 수 있다. 마약은 외로움을 잊게 해 준다. 종종 마약 대신 성관계가 수단이 되기도 한다. 특히 여성의 경우, 섹스를 사랑과 친밀감의 대체재로 선택한다. 섹스를 통해 적어도 단기적으로는 사랑받고 인정받는 기분을 느낀다. 또한 부부 사이에서도 문제가 생겼을 때 섹스는 언제나 주의를 돌리는 좋은 방법이 된다. 그러나 이런 식의 주의 돌리기 전략은 한편으로 지금 여기에 집중하게 하고 문제를 객관화하여 해결할 수 있게 도와주지만, 다른 한편으로는 죄책감을 버리는 데 이용되기도 한다. 예를 들어

술은 직면하기 어려운 자괴감을 잊게 해 줄 수 있다. 그러나 수용, 사랑, 인정을 바라는 욕구는 채워지지 않은 채로 남는다. 이렇듯 중독성 물질은 단기적으로는 주의를 돌리는 효과를 내지만 장기적으로는 아무것도 바꾸지 못한다. 이런 전략이 습관이 된다면 비극이 아닐 수 없다. 문제가 생길 때마다 건강에 해로운 전략을 쓴다면 생명이 위험해질 수 있기 때문이다.

우리가 무엇을 갈망하고, 그 뒤에 어떤 결핍이 있는지 모르면 거기서 벗어나기는 대단히 힘들다. 중독성 물질이 비록 주의를 돌려놓지만 우리에게 정말로 필요한 것을 얻는 데는 아무 도움이 못 된다.

중독 뒤에 숨은 진짜 결핍을 당사자가 스스로 알아내기는 매우 힘들다. 그래서 대부분 전문가의 도움을 받는다. 그럼에도 당신은 이런 주의 돌리기 전략 뒤에 어떤 결핍이 있는지 스스로에게 물어볼 수 있다.

무엇으로부터 주의를 돌리고자 하는가? 그 뒤에는 어떤 결핍이 있는가?

_____

_____

_____

어떤 생각이나 감정이 들 때 습관적으로 주의 돌리기 전략을 쓰는가? 나의 방아쇠는 무엇인가?

_____

_____

두려움을 만들어 낸 3가지

앞에서 확인한 것처럼, 두려움과 스트레스를 유발하는 자극은 생각이다. 두렵다고 생각하면 자동으로 그에 맞는 감정이 생긴다. 이 감정이 신체 반응을 일으켜 행동을 조종한다. 대표 사례가 프레젠테이션이다. 당신은 생각한다. '난 할 수 없어. 창피만 당할 거야.' 당신은 아직 나오지 않은 결과를 미리 상상한다. 이런 상상은 불안감, 부끄러움, 두려움을 만든다. 현기증이 나고 심장이 빨리 뛰고 가슴이 답답해진다. 이때 선택지는 두 가지다. 하나는 도주다. '도저히 못 하겠어. 다른 사람에게 맡기자.' 다른 하나는 싸움이다. '힘들겠지만 최선을 다할 거야.' 도주를 선택하면 앞으로도 같은 상황에서 계속 같은 두려움을 느낄 것이다. 싸움을 선택하면 새로운 긍정적 경험을 할 수 있지만 어쩌면 실패할 수도 있다.

부정적 생각과 상상이 강할수록 부정적 감정은 더 강해지고 신체 반응 역시 더 강하게 나타날 것이다. 부정적 상상에 깊이 빠질수록 생각과 행동이 더욱 제한될 것이다. 생존 전투 상태에서는 오직 생존만이 중요하기 때문에 명료하게 생각하기가 불가능하다. 머리는 부정적 상상에 사로잡혀 있고 스스로 만들어 낸 내적 부담과 싸우느라 두려움에서 빠져나오기가 더욱 힘들다. 그러므로 행동을 바꾸고 싶으면 생각을 바꿔야 한다.

왜 우리는 그렇게 재빨리 상황을 위험하다고 평가할까? 왜 우리는 어떤 자극에서 그렇게 강한 감정을 느낄까? 행동을 바꾸기가 왜 그렇게 어려울까? 경험 때문이다. 경험을 통해 학습한 평가 과정이 자동으로 실행되기 때문이다. 불판이 붉게 달궈지면 뜨겁다는 사실을 경험으로 배우지 못하면 우리는 계속해서 화상을 입을 것이다. 자연은 그것을 원치 않는다. 우리는 경험을 통해 배워 우리 자신을 보호해야 한다.

저마다 살면서 습득한 자동화된 사고 습관이 있다. 예를 들어 사랑을 생각하면 자동으로 아픔이 떠오르고, 커피를 생각하면 즉시 우유 거품이 연상되고, 스포츠를 생각하면 곧장 가쁜 숨이 생각날 수 있다. 경험이 얼마나 강렬하게 기억되었느냐에 따라 자동화된 생각이 더욱 빨리 강하게 떠오른다. 부정적 감정을 유발하는 경험일수록 일단 시동이 걸린 사고 과정에 개입하기가 더 어렵다.

두려움뿐 아니라 자동화된 사고 과정을 만든 것은 경험과 진화다. 경험은 개인의 경험, 모델 학습, 이야기로 세분된다. 즉 당신이 직접 한 경험, 부모를 관찰하면서 얻은 경험, 이야기를 통해 간접적으로 한 경험으로 나뉜다. 진화 역시 자동화된 사고 과정의 방아쇠일 수 있다. 이때 우리를 보호하기 위해 두려움을 만들어내는 것은 경험이 아니라 생존 본능이다.

다행히도 우리는 학습한 모든 것을 다시 잊을 수 있다. 사람은 변할 수 있다. 취향, 선호, 취미가 바뀌듯이 사고방식, 관점, 행동, 기본 관념도 바뀔 수 있다. 여기에는 전제 조건이 있는데, 추구할 만한 목표(1장), 강한 동기(2장), 자신감(6장), 실수에 대한 건설적 대처(7장), 에너지 충전소와 휴식처 알기(10장) 등이다.

당신에게 영향을 미친 롤모델이 누구인가?

아이들은 부모를 보고 배운다. 부모는 아이들의 롤모델이자 모범이다. 엄마가 늘

인생을 바꾸는 질문들

외국인을 나쁘게 말하면 아이도 외국인을 나쁘게 생각하고 외국인과 연결된 모든 것을 부정적으로 평가할 것이다. 아빠가 외모를 중시하면 아이도 외모가 중요하다고 배운다. 반대로 아빠가 외모와 복장에 관심을 두지 않으면 아이도 그것을 모범으로 삼아 외모에 시간과 에너지를 쏟지 않는다. 아이들은 부모를 보며 세상을 배우고 무엇이 위험하고 무엇이 좋은지 학습한다. 그들은 부모로부터 기본 관념, 가치관, 세계관, 언어, 실수 대처법, 시간 관리, 의사소통 방식, 관계 맺기, 책임감 등을 물려받는다. 아이들은 기본적으로 부모로부터 모든 것을 배운다. 그것이 유일한 방법이었기 때문이다. 아이들 눈에는 부모의 세계가 온전하고 잘 작동하는 것처럼 보인다. 그러다 열다섯 살쯤 되면 아이들은 세상과 사람들에게서 오류와 실수를 보기 시작한다. 세상이 완벽하지 않고 모든 게 다 진실은 아님을 배운다. 사춘기에 비로소 자기 세계를 새롭게 구성하고 어떤 관점, 가치관, 행동을 유지하고 믿을지 결정한다. 이른바 정신적 탯줄을 끊는 이 과정에서 그들은 자신이 부모와 다름을 아주 명확히 드러낸다. 그러나 태어나서부터 약 15년 동안 습득한 '모델 학습'을 완전히 지울 수는 없다. 유년기의 경험은 끈질기게 영향을 미치고 심지어 평생 따라다니기도 한다.

학습한 모든 것을 다시 잊을 수 있다.

유년기의 무의식적 학습은 특히 브랜드 선택에서 잘 드러난다. 당신의 부모는 어떤 세제를 썼는가? 어린 시절 냉장고에는 어떤 우유가 있었는가? 지금도 당신의 세탁기 옆에는 퍼실Persil 세제가 있고 냉장고에는 포르밀Formil 우유가 있는가? 유기농 제품 소비 습관을 부모로부터 배웠나? 우리는 부모가 사용했던 브랜드 제품을 무의식적으로 선택한다. 그것이 좋고 옳다고 기억에 저장했기 때문이다. 부모가 항상 "운전은 위험하니 조심해!"라고 말했다면 당신 역시 운전을 위험한 일로 보고 당신 아이에게도 이렇게 말한다.

소셜미디어와 인플루언서의 시대다. 우리가 무의식적으로 따르는 모델이 무수히 많다. 우리는 그런 모델을 통해 어떤 브랜드가 좋은지, 외모가 어때야 하는지, 무엇을 먹어야 하는지, 어떻게 살아야 하는지, 무엇을 입어야 하는지 배운다.

그러므로 우리가 무엇에 몰두하는지 주의할 필요가 있다. 욕이 많이 나오는 드라마를 보는 것만으로도 욕을 일상 언어로 받아들일 수 있기 때문이다. 우리는 그런 간접 경험을 통해 인간관계, 소통 방법, 사회적 행동을 배운다.

부모의 영향으로 선호하게 된 브랜드는 무엇인가?

_____

_____

_____

그 제품의 어떤 특징이 장점으로 느껴지는가?

_____

_____

_____

_____

인생을 바꾸는 질문들

부모는 무엇을 늘 나쁘다고 평가했는가? 지금도 여전히 그렇게 생각하는가?

_____

_____

_____

어떤 말을 부모에게 자주 들었는가? 그것이 여전히 내 삶에 영향을 미치는가?

_____

_____

드라마 주인공, 친구, 롤모델한테 무엇을 배웠는가?

_____

_____

사람마다 사랑을 표현하는 방식이 다르다

사랑도 학습된다. 대부분은 부모를 보며 무의식적으로 배운다. 부모의 방식이 잘 작동하는 것을 보며 자랐다면 당신은 나중에 그 방식대로 사랑하고 관계를 맺는다. 부모의 부부 관계부터 타인과의 관계, 이혼까지 당신이 경험한 모든 것이 당신의 관계 방식에 영향을 미친다. 예를 들어, 부모의 이혼을 경험하여 관계 맺기를 두려워하거나 버림받을까 불안해할 수 있다. 부모가 사랑을 어떻게 표현했느냐(신체적 친밀감, 칭찬, 둘만의 시간, 선물) 역시 당신이 사랑하고 사랑받는 기분을 느끼는 방식에 영향을 미친다. 사랑을 하고 관계를 맺는 방식은 모델 학습의 최고 사례다.

사랑을 표현하는 행위는 아주 다양하지만 누구에게나 대표적인 사랑의 소통 방식이 있다. 친절, 칭찬, 함께 보내는 시간, 신체적 친밀감, 선물. 어머니가 늘 당신을 안아 주고 신체적 친밀감으로 사랑을 보여 주었다면 당신도 다른 사람에게 그렇게 사랑을 표현할 것이다. 칭찬을 듣지 못했으면 당신은 칭찬이 아닌 다른 방식으로 사랑을 전할 것이다. 부모가 늘 함께 시간을 보내는 모습에서 사랑을 확인했다면 당신은 연인과 시간을 같이 보낼 때 사랑받는 기분을 느낄 것이다.

사랑을 전달하고 행복한 관계를 유지하려면 자신과 상대의 대표적인 사랑의 소통 방식, 즉 사랑의 언어가 무엇인지 알아야 한다. 아무리 열심히 사랑을 표현해도 상대가 사랑받고 있다고 느끼지 못하는 경우가 많기 때문이다. 문제의 원인은 종종 '잘못' 선택된 사랑의 언어다. 예를 들어 칭찬을 들을 때 사랑을 느끼는 사람에게 신체적 친밀감을 아무리 많이 주더라도 그 사람은 사랑받는 기분을 느끼지 못한다. 어떤 사람은 인정받고 사랑받는다고 느끼려면 세심한 관심이 필요한데 언제나 물질적 도움과 지원만 받는다. 그러므로 유년기에 부모와 주변 사람에게서 어떤 모델 학습을 했는지 알 필요가 있다.

사랑은 학습된다.

유년기의 관찰과 경험을 통해 행복한 부부는 거의 없다는 생각을 갖게 되었

134

인생을 바꾸는 질문들

는가? 신체적 친밀감보다는 친절함이 사랑을 가장 잘 표현한다고 배웠는가? 함께 보내는 시간의 양이 곧 사랑의 크기라고 배웠는가? 배우자를 믿지 못하고, 단지 경제적 이유에서 결혼 생활을 유지하고, 배우자의 집착에 괴로워하고, 인정과 포용이 없는 부모를 보며 자랐는가?

이런 경험에서 벗어나 새로운 방식으로 사랑하고 관계를 맺으려면 양측 모두의 에너지가 많이 필요하다. 그것은 매우 도전적인 과제다. 이때 서로 다른 관점과 견해가 어디에서 비롯되었는지를 찾아내는 것이 크게 도움이 된다. 그러면 그것을 상대에게 알릴 수 있고 당신의 행동을 이해하고 바꿀 수 있기 때문이다.

유년기에 부모와 주변 사람으로부터 사랑과 관계에 관해 무엇을 배웠는가?

_____

_____

_____

_____

그것 때문에 현재 어떤 기본 관념, 생각, 태도를 가졌는가?

_____

_____

_____

_____

가장 사랑받는다고 느낄 때는 언제인가?

☐   누군가가 나를 사랑한다고 말하고 찬사를 보낼 때(인정의 말)

☐   나에게 관심을 쏟고, 휴가나 여행 혹은 외식을 계획할 때(선물)

☐   나를 기쁘게 지원하고 도울 때(친절)

☐   나를 위해 시간을 내고 둘만의 좋은 시간을 보낼 때(둘만의 시간)

☐   나를 쓰다듬고 어루만지고 키스할 때(신체적 친밀감)

내가 주로 사용하는 사랑의 언어는 무엇인가(신체적 친밀감, 칭찬, 둘만의 시간, 선물, 친절)?

_____

_____

나의 부모는 서로에게 어떻게 사랑을 표현했는가?

_____

_____

나의 부모는 내게 어떻게 사랑을 표현했는가?

_____

_____

사랑을 표현하는 나의 방식과 부모의 방식에 차이가 있는가?

_____

부정적인 생각은 첫 경험과 관련이 있다

당신의 부모는 자상했는가? 그렇다면 당신도 다른 사람에게 자상할 것이다. 부모는 자주 야단을 치고 늘 비판적이었나? 그러면 당신도 다른 사람을 쉽게 비판하고 실수를 지적할 것이다.

개인의 경험은 자동화된 평가 및 사고의 가장 강력한 방아쇠다. 두려움과 관련이 있다면 특히 더 그렇다. 아이들은 자전거를 어떻게 타는지, 운동화 끈을 어떻게 매는지를 배운다. 아기는 배가 고프면 운다. 엄마, 아빠가 달려와서 안아 준다. 아기는 울면 관심을 받고 욕구를 즉시 채울 수 있음을 배운다. 반복을 통해 A가 B로 이어진다는 것을 학습한다. 사고 및 행동이 자동화된다. 사랑과 관심을 얻으려면 실력을 발휘해야 하고 그럴 때만 사랑받을 수 있다고 부모에게서 배운다면 당신은 수년 뒤에도 여전히 자기 자신을 사랑하기 위해(자신을 인정하기 위해) 실력을 발휘하려 애쓸 것이다.

자동화된 사고는 개인의 경험에서 비롯된다.

학급 친구들 앞에서 웃음거리가 되는 부정적 경험을 했다면 이런 부정적 경험을 다시 할 수도 있는 유사한 상황을 피하려 할 것이다. 많은 사람 앞에서 발표

하고 웃음거리가 되는 일이 매우 불쾌함을 배웠기 때문이다. 교통사고 경험이 있다면 운전이 위험하다고 인식하고 운전석에 앉을 때마다 두려울 것이다. 자동차만 봐도 두려움이 생긴다면 운전이 주는 두려움은 더욱 커질 것이다. 주로 첫 번째 경험이 가장 중요하다. 처음 타는 스키, 첫 휴가, 첫사랑, 첫 동거···. 첫 번째 경험이 깊이 각인되어 이후의 평가를 좌우한다.

학창 시절에 어떤 경험을 했는가?

_____

_____

_____

_____

첫사랑에서 무엇이 기억에 남았는가?

_____

_____

_____

_____

우정을 생각하면 자동으로 연상되는 경험은 무엇인가?

_____

_____

비난 받은 개인적 경험은 무엇인가?

_____

_____

_____

_____

　　이런 질문들을 끝없이 이어갈 수 있다. 특정 주제가 부담스럽다면 언제 어디서 이와 관련된 경험을 처음 했었는지 떠올려 봐라. 만약 평가가 바뀌었다면 무엇을 계기로 바뀌었는지 알아내라. 그러면 평가의 핵심에 도달하여 이 평가가 여전히 유효한지, 올바른지, 지금의 삶에 의미가 있는지 판단할 수 있다.

타인의 이야기가 두려움을 만든다

몇몇 사례와 이야기에서 보았듯이 다른 사람의 경험담과 이야기는 당신에게 강한 영향을 미칠 수 있다. 매일 신문을 읽고 폭력, 절도, 사이코패스, 탐욕스러운 기업이 있는 나쁜 바깥세상에 대해 들었던 기성세대가 특히 더 많은 영향을 받았던 것 같다. 매일 신문에서 부정적 헤드라인을 읽으면서 우리는 세상이 얼마나 악하고 나쁜지를 학습한다. 긍정적 보도는 거의 찾아보기 어렵다. 사람들이 세상을 선하고 좋게 여기면 신문의 가치가 떨어지고 신문 구독자도 줄 테니 신문사는 점점 더 자극적이고 흥미진진하고 끔찍한 기사를 다뤄 사람들이 충격 속에 신문을 읽게 한다.

비행기 추락 사고를 당할 뻔했던 이야기를 친구에게서 들었다고 가정해 보자. 당신이 그런 나쁜 경험을 한 게 아님에도 비행기 탑승을 두려워할 수 있다. 게으르고 무심한 남편을 흉보는 친구들로부터 당신은 남자들은 원래 게으르고 무심하다고 배운다. 애인이나 배우자가 바람피운 이야기를 자주 들었다면 당신은 연인의 사소한 행동에도 바람을 피운다고 의심할 확률이 매우 높다.

이런 자기 자신을 의식한다면 늦지 않게 개입하여 학습되고 자동화된 사고 습관을 새로운 기본 관념으로 대체할 수 있다.

어떤 이야기가 지금까지도 기억에 남아 있는가?

_____

_____

그 이야기에서 무엇을 배웠나?

_____

_____

_____

어렸을 때 가장 좋아했던 이야기, 동화, 책, 영화는 무엇인가?

_____

_____

거기서 무엇을 배웠나?

_____

_____

이 이야기들이 현재도 영향을 미치는가?

_____

_____

내 안의 두려움을 확인하는 것이 중요하다

진화 과정에서 생겨난 원초적 공포가 내면 깊숙이 자리 잡고 있다. 불, 뾰족한 물건, 어둠, 질식. 모두가 이에 대한 두려움을 일정 정도 가지고 있는데, 이런 것들이 우리를 죽일 수 있음을 수백 년에 걸쳐 배웠기 때문이다. 위험을 감지하는 이 두려움은 매우 중요하고 종족을 보호하고 생존을 돕는다. 그러나 이것이 당신의 삶을 제한하고 힘들게 한다면 원초적 공포 역시 바꿀 수 있다.

자신의 두려움을 안다면 두려움을 받아들이고 바꾸는 데 큰 도움이 된다. 두

141

려움 극복에서 가장 중요한 일은 두려움을 인정하고 수용하는 것이다.

두려움은 당신을 보호하고 특정 목적을 달성한다. 두려움은 자신이 당신을 방해한다는 사실을 모른다. 두려움은 그저 당신을 보호하고자 할 뿐이다. 그러므로 두려움의 장점이 무엇이고 두려움이 무엇으로부터 당신을 지키려 하는지 자신에게 물어야 한다. 거기서부터 시작하자.

나는 무엇을 두려워하는가(상황, 사물)?

_____

_____

어떤 생각과 상상이 두려움을 유발하는가?

_____

_____

_____

_____

_____

당신을 가장 힘들게 하는 두려움 한두 가지를 선택한 후, 다음 질문에 답해라. 나중에 다른 두려움에 대해서도 다음의 질문으로 작업하기를 권한다.

이 두려움의 긍정적인 면은 무엇인가?

인생을 바꾸는 질문들

_____

_____

_____

_____

_____

_____

두려움이 어느 신체 부위에서 드러나는가?

_____

_____

_____

두려움을 느꼈던 비슷한 상황이 과거에 있었는가?

_____

_____

_____

비슷한 상황에서 이런 두려움을 느끼지 않았던 때가 있었는가?

_____

_____

_____

143

언제, 어디에서, 누구에게서 처음 이런 두려움을 느꼈는가?

_____

_____

_____

이런 두려움으로 생길 수 있는 최악의 상황은 무엇인가?

_____

_____

_____

최악의 상황이 실제로 벌어질 확률은 얼마인가?

_____

_____

_____

내 생각은 현실적이고 100% 사실인가?

_____

_____

_____

_____

어떤 현실적 생각으로 이 상황을 잘 대처할 수 있는가?

_____

_____

_____

이런 상황이 될 때마다 현실적 생각으로 대처한다면 어떻게 될까?

_____

_____

_____

이런 상황에서 현실적 생각을 하지 않으면 어떻게 될까?

_____

_____

_____

이런 두려움이 없다면 내 삶은 어떻게 바뀔까?

_____

_____

_____

_____

이런 두려움이 없다면 나는 가장 먼저 무엇을 할까?

_____

_____

_____

나는 왜 그렇게 하지 않는가? 무엇이 가로막는가?

_____

_____

_____

이 장애물을 어떻게 극복할 수 있을까?

_____

_____

_____

_____

구체적 실천 계획은 무엇인가?

_____

_____

_____

_____

인생을 바꾸는 질문들

시기심에서 습관 변화에 이르기까지 어떤 도전, 문제, 두려움이든 상관없이 언제나 이 질문들을 활용할 수 있다. 앞의 질문들에 순서대로 답하면서 해답을 찾게 된다. 실천의 동기를 찾고(나는 왜 이것을 원하나? 유용성은 무엇인가? 결과는 무엇인가?) 장애물이 무엇인지 알아내고, 그것을 어떻게 극복할 수 있을지 스스로 답을 찾게 된다.

절대적 정답은 없다. 모든 문제에는 언제나 해답이 있다. 그중에서 성공을 약속하고 가장 쉽게 실천할 수 있는 답을 고르면 된다.

최악의 상황을 상상해라

두려움과 스트레스 상황을 피하려 하지 말고 능동적으로 직면해야 한다. 이미 여러 번 강조한 얘기다. 맞다, 말하기는 쉬워도 실천하기는 매우 어렵다. 그러므로 곧바로 실생활에서 실천하려 애쓰기 전에 먼저 최악의 상황을 떠올려 그것을 바꾸고 조종하여 긍정적 영향을 미쳐 보자.

공포증은 개별 상황과 대상을 두려워해서 발생한다. 폐소 공포증이 있는 사람은 좁은 공간에 갇히는 상상을 한다. 그래서 터널, 엘리베이터, 지하철, 자동차 등을 두려워한다.

'최악의 상황 상상하기' 전략은 두려워하는 상황을 상상으로 직면한 후 긍정적 방향으로 유도하는 기술이다. 이 전략의 핵심은 "만약 ○○○ 상황이라면 어떻게 할까?"를 질문하는 것이다. 공포증이 있는 사람은 예를 들어 엘리베이터에 간히기, 낭떠러지로 추락하기 같은 부정적 장면이나 상황을 상상한다. 두려움이 생기는 그 지점에서 상상은 끝난다. 정말로 그런 일이 발생하면 어떤 결말이 따를지는 생각하지 않는다. 두려운 상황의 상상에는 그로 인해 생길 고통과 괴로움도 포함된다. 상상은 실제처럼 자극을 주기 때문에 정말로 최악의 상황이 발생한 것처럼 몸이 반응한다.

최악의 상황 상상하기 전략으로 당신은 예상되는 결과가 처음 상상했던 것만큼 정말로 심각한지를 체계적으로 점검할 수 있다. 이때 두 가지에 주의해야 한다.

- 주의를 집중하여 상상을 계속 이어가야 한다.
- 최악의 상황에서 무슨 일이 벌어질지 상상하고, 그때 드는 생각을 상세히 기술한 뒤 새로운 눈으로 찬찬히 따져봐야 한다.

상상의 눈으로 두려움을 직시해 보자.

나는 엘리베이터 타기가 두렵다.

최악의 공포는 무엇인가?
엘리베이터가 멈추고 그 안에 갇히는 것이다. 그렇게 되면 죽을 것처럼 두려울 것이다.

엘리베이터가 정말로 멈추면 어떻게 될까? 구체적으로 무슨 일이 벌어질까?
나는 패닉에 빠진 채 구조를 기다릴 것이다.

인생을 바꾸는 질문들

그것이 목숨을 위협하나?

아니다. 기다리는 것은 목숨을 위협하지 않는다.

그것이 통증을 유발하나?

아니다.

당신이 느끼는 위협은 사실인가?

아니다.

이 상황의 긍정적 결말은 어떤 모습일까?

엘리베이터가 정상으로 운행되어 원하는 층에 도달한다. 재앙을 만든 건 나의 상상일 뿐, 실제로는 아무 일도 생기지 않았다.

나는 프레젠테이션이 두렵고, 틀림없이 나쁜 인상을 남기게 될 것이다.

최악의 공포는 무엇인가?

프레젠테이션에서 발표 내용을 잊는 것이다. 그렇게 되면 패닉에 빠져 울지도 모른다.

발표 내용을 정말로 잊으면 어떻게 될까? 구체적으로 무슨 일이 벌어질까?

나는 아무 말도 못 하고 그냥 거기 멍청하게 서 있을 것이다.

149

그것이 목숨을 위협하나?

아니다. 아무 말도 못 하고 서 있는 것은 목숨을 위협하지 않는다.

그것이 통증을 유발하나?

아니다.

당신이 느끼는 위협은 사실인가?

아니다. 그런 일이 정말 일어날지는 확실치 않다.

이 상황의 긍정적 결말은 어떤 모습일까?

카페에서 친구와 이야기를 나누는 것처럼 편안하게 프레젠테이션을 마친다. 모두가 감탄하며 박수를 보낸다. 나는 그것을 즐긴다.

아래의 질문에 언제나 완결된 문장으로 답해라.

최악의 공포는 무엇인가?

_____

_____

_____

_____

인생을 바꾸는 질문들

구체적으로 무슨 일이 벌어질까?

_____

_____

_____

_____

그것이 목숨을 위협하나?

_____

_____

_____

그것이 통증을 유발하나?

_____

나의 상상이 사실인가?

_____

누가 / 무엇이 내게 도움을 줄 수 있을까?

_____

_____

_____

4 ✦ 무엇이 두려운가?

이 상황의 긍정적 결말은 어떤 모습일까?

_____

_____

_____

     긍정적 결말을 자주 상상할수록 그 상상을 더 많이 믿게 된다. 상상만으로도 긍정적 경험을 하고 배우기에 충분하므로 간단한 연습이라도 기적의 효과를 낼 수 있다.

     가능한 한 상세하게 상황을 상상해라. 모든 감각으로 인식해라. 무엇이 보이는가? 어떤 색상, 형태, 소재가 보이는가? 무엇을 듣고, 냄새 맡고, 맛보고, 느끼는가? 당신은 정확히 어디에 있는가? 주변에는 무엇이 있는가? 당신은 무엇을 입었는가? 당신은 누구를 보는가?

     그다음 남은 것은 훈련, 훈련, 훈련뿐이다. 매일 잠들기 전에 긍정적 결말을 상상해라. 두려움을 유발하는 방아쇠가 자동으로 긍정적 결말과 연결될 때까지 계속 훈련해라. 두려워하는 상황에 실제로 접근해 보는 것으로 훈련 효과를 점검해 볼 수 있다. 엘리베이터에서 기분 좋게 노래를 흥얼대든 사람들 앞에서 큰 소리로 말을 해 보든 상관없다. 자신감이 얼마나 생겼는지, 두려움을 유발하는 자극이 자동으로 새로운 긍정적 상상과 연결되는지 점검해라.

     물론 몇몇 강력한 두려움과 공포증은 그렇게 간단히 없어지지 않는다. 그런 공포증은 전문가의 도움을 받아야 한다.

두려움의 악순환을 멈추는 방법

두려움의 악순환은 멈추기가 어렵다. 두려움을 유발하는 생각이 들면 몸이 반응한다. 몸의 반응을 인지한 생각은 더 큰 두려움을 만들어 낸다. 패닉! 도주할 것인가, 싸울 것인가? 이 악순환을 멈추려면 다른 곳으로 초점을 옮겨야 한다. 생각과 감정에서 눈을 돌려 다른 것에 주의를 기울이면 짧게나마 악순환을 멈추고 이완할 수 있다. 부정적 상상과 신체의 경고에서 눈을 돌려 다른 곳에 초점을 맞춰라. 이때 '접지 전략'이 빠르게 도움을 줄 수 있다. 이 전략으로 당신은 불편한 상상에서 나와 '지금 여기' 땅에 발을 딛고 서게 된다. 접지 전략은 오감을 이용한다.

- 당신이 볼 수 있는 다섯 가지를 찾아라.
- 당신이 느낄 수 있는 네 가지를 찾아라.
- 당신이 들을 수 있는 세 가지를 찾아라.
- 당신이 냄새 맡을 수 있는 두 가지를 찾아라.
- 당신이 맛볼 수 있는 한 가지를 찾아라.

내가 볼 수 있는 다섯 가지는 무엇인가? 형태, 색상, 소재를 가능한 한 상세하게 적어라. 세밀화를 그리듯 모든 세부 사항을 꼼꼼히 인식해라.

_____

_____

_____

_____

_____

손으로 만질 수 있는 네 가지는 무엇인가? 이 물건은 어떤 촉감인가? 어떻게 다른가? 손에 어떤 느낌이 전달되는가? 엄지에 닿는 느낌은 어떤가? 발가락에 닿는 느낌은 어떤가?

_____

_____

_____

_____

지금, 이 순간 어떤 소리가 들리는가? 세 가지 소리를 나열할 수 있을 때까지 주의를 집중하여 끈기 있게 자세히 들어라.

_____

_____

_____

무슨 냄새를 맡을 수 있는가? 두 가지 냄새를 구별해 보아라. 이 냄새를 좋아하는가? 무슨 기억이 떠오르는가?

_____

_____

_____

인생을 바꾸는 질문들

맛볼 수 있는 것을 찾아라. 껌, 사탕, 토마토 주스 한 모금. 어떤 맛인가? 입안 어디에서 가장 강렬하게 맛이 느껴지는가? 맛을 표현해 보아라.

_____

_____

_____

_____

자동화된 사고 및 행동을 멈추기 위해 언제 어디서나 이 연습을 해야 한다. 차가 밀려 짜증 날 때, 중요한 면담 전에 긴장될 때, 내적 두려움에서 벗어나고 싶을 때, 상사의 호통에 하얗게 질릴 때…. 숨을 깊이 쉬고 악순환을 멈출 수 있으면, 당신의 슈퍼컴퓨터인 뇌를 새롭게 설정할 수 있다.

5

버리고 싶은
습관이 있는가?

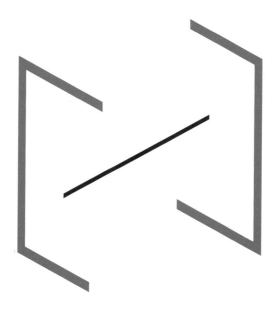

왜 이런 감정을 느낄까? 왜 이런 행동을 할까? 근원은 언제나 우리의 생각이다. 자극이 있고 자극에 대한 반응으로 어떤 생각이 든다. 생각에 따라 감정이 정해진다. 감정이 신체 반응을 일으키고, 생각과 감정이 행동을 유도한다.

모든 자극은 연쇄 반응을 일으킨다. 뜨거운 불판(자극) → 앗, 뜨거워!(감정) → 손을 치운다(행동). 그립다(자극) → 슬픔과 외로움(감정) → 운다(행동).

행동이든 증상이든 그것을 바꾸려면 근원인 생각을 바꿔야 한다. 스트레스나 두려움을 유발하는 생각이나 나쁜 습관은 올바른 질문과 연습, 올바른 동기 부여로 바꿀 수 있다.

변화는 어떻게 시작될까? 변하고자 하는 동기가 충분해야 하고 동시에 결핍을 채워 줄 새로운 대안이 있어야 한다. 새로운 대안은 무력감과 부담감을 내려놓는 데 도움이 된다. 익숙한 상황에서 곧바로 변화된 행동을 시작하기는 어려우므로 실천 계획이 필요하다. 계획을 곧바로 실행하기 역시 쉽지 않으므로 먼저 상상으로 시작한다. 대안이 되는 긍정적 결말을 상상한다.

먹는 것으로 스트레스를 푸는 사람은 음식 대신 다른 보상이 있어야 한다. 담배를 끊고 싶다면 흡연과 똑같거나 적어도 비슷한 효과를 내는 다른 행동을 찾아야 한다. 갑자기 화가 치밀거나 급격히 우울해지고 싶지 않다면 주의를 돌릴 수 있는 대안을 찾아라. 이때 감각 활동이 도움이 된다. 10장에서 기쁨과 재미와 흥미와 기대를 주는 유스트레스 활동들이 소개될 것인데, 그중에서 맘에 드는 것을

159

고르면 된다. 각자 대안 활동 목록을 만들어 둬야 한다. 한 번 통한 활동이라고 해서 매번 통하는 건 아니므로 상황에 맞게 선택할 수 있어야 한다. 그것에 대해서는 '습관 고치기'를 배운 뒤에 다루기로 하자.

습관 고치기

습관은 쉽게 고쳐지지 않는다. 습관은 경험을 토대로 생긴다. 어떤 행동이 원하는 결과를 가져오는지 우리는 경험한다. 그러면 이때의 결과와 감정적 보상이 반복된다.

습관은 대부분 자동적으로 나오기 때문에 고치기가 매우 어렵다. 습관은 경험에서 생긴 정신적 지름길이다. 습관은 학습된 문제 해결 과정이다. 한때 의식적으로 내렸던 결정이 이제 자동으로 진행된다. 뇌는 언제나 에너지를 절약하고자 하고 습관이 그것을 돕는다.

습관은 어떻게 생길까? 자극-욕구-행동-보상의 반복으로 생긴다. 자극이 욕구를 낳고, 이 욕구가 행동을 유도하고, 행동 뒤에 보상이 따른다. 이 네 단계가 완료되어야만 행동이 반복되고 습관이 형성된다. 보상이나 욕구가 빠지면 행동은 반복되지 않는다.

우리가 원하는 것은 담배가 아니라 안도감이다. 텔레비전 시청이 아니라 재미를 원한다. 양치질이 아니라 청결이 주는 편안한 기분을 원한다. 행동의 원인은 보상이다. 보상 욕구가 행동을 유도한다.

인생을 바꾸는 질문들

습관을 고치려면 목표가 아니라 행동에 초점을 맞춰야 한다. 물론 목표는 중요하다. 목표가 있어야 동기 부여도 되고 그곳으로 가는 길도 낼 수 있다. 그러나 행동에 초점을 맞춰 이 길을 계속 가는 것이 더 중요하다. 그러므로 목표에 더 가까이 가는 데 필요한 전략을 짜야 한다.

모든 것을 한꺼번에 실행하지 않아도 된다. 매일 1%씩만 좋아지면 충분하다. 초콜릿의 유혹을 한 번 더 뿌리치기, 두려운 상황에 한 번 더 직면하기, 중량 운동을 할 때 한 번 더 기구 들기. 매일 한 번씩만 더, 한 걸음만 더. 로마 역시 하루아침에 세워지지 않았다.

매일 1%씩 발전하고 좋아지고 더 강해진다. 장담하건대 생각보다 더 빨리 발전할 것이다. 변화는 기하급수적이기 때문이다. 가파른 오르막을 올라 평원에 도달하면 갑자기 큰 변화를 느낀다. 단 1%만 변화했음에도 갑자기 10%가 개선된다. 비행기는 1%만 항로를 벗어나도 다른 대륙에 착륙하게 된다. 1% 변화면 충분하다. 그러면 당신은 변할 수 있다.

자부심은 변화를 지속시킨다.

감정이 행동을 유도한다. 그러므로 올바른 감정을 갖는 것이 중요하다. 습관을 고치기 위해서는 좋은 감정을 느껴야 하고 원하는 보상을 받아야 한다. 자부심은 새로운 행동 방식을 유지해 준다. 첫 번째 성과를 확인할 때 자부심이 생긴다. 아름다운 손톱에 자부심을 느끼면 다시는 손톱을 물어뜯지 않게 된다. 줄어든 몸무게에 뿌듯함을 느끼면 새로운 습관을 계속 유지할 의지가 생긴다. 뭔가를 이뤄

낸 자부심, 만족감, 강해진 기분을 반복하고자 한다.

머리카락에 자부심이 있다면 그것을 관리하는 일을 게을리하지 않을 것이다. 치아에 자부심이 있다면 언제나 꼼꼼히 양치할 것이다. 용기에 자부심이 있다면 모든 도전 상황에서 항상 용기를 낼 것이다.

인격이 바뀔 때까지 반복해라

습관을 바꾸려면 인격이 바뀔 때까지 새로운 행동 방식을 계속 반복해야 한다. 인격은 행동과 함께 바뀐다. 행동이 인격, 가치관, 신념을 드러낸다.

날씬한 사람이 되려면 날씬한 사람의 습관이 몸에 배야 한다. 이를테면 건강에 좋은 음식을 직접 요리해 먹고 운동을 열심히 해야 한다. 운동을 즐기는 사람은 운동으로 다져진 몸에 자부심을 느끼고 거기에 맞는 행동을 기꺼이 할 것이다.

종착역은 목표 달성이 아니라 새로운 행동의 반복으로 인격을 바꾸는 것이다. 최종 목적지는 책을 많이 읽는 것이 아니라 독서를 즐기는 사람이 되는 것이다. 체중 감량이 아니라 날씬한 사람이 되는 것이다. 천천히 먹기가 아니라 음식을 즐기는 사람이 되는 것이다. 마라톤 완주가 아니라 달리는 사람이 되는 것이다. 금연이 아니라 비흡연자가 되는 것이다. 당신의 습관이 현재의 당신을 만들었고 내일의 당신을 만들 것이다.

습관은 정체성을 드러낸다. 작가는 매일 뭔가를 쓴다. 정리 정돈을 잘하는 깔끔한 사람은 매일 침대를 정리하고 집을 청소한다. 운동선수는 매일 운동을 한다.

인생을 바꾸는 질문들

미식가는 음식을 천천히 먹고 씹을 때마다 음식 맛을 즐긴다. 신앙심이 깊은 사람은 매일 교회에 간다. 어떤 행동을 자주 반복할수록 정체성은 더욱 강해진다. 그러므로 반복된 행동이 곧 정체성이다. 행동은 측정할 수 있고 증명할 수 있으며 결과를 보여 주기 때문에 믿을 만하다.

자신과 맞지 않는 행동을 시도해라

당신에게 별다른 정체성이 없다면 그것은 대개 당신의 부정적 생각 때문이다. 스스로 방향 감각이 없다고 생각하면 도시를 훤히 알고 있는 사람이 될 수 없다. '살 빼기는 어렵다, 수학은 나랑 안 맞다, 나는 늘 뚱뚱했다, 나는 원래 부끄러움이 많았다, 독서는 지루하다, 열심히 일하지 않으면 아무것도 얻지 못한다.' 오랜 세월 계속해서 이렇게 생각해 왔다면 결국 그런 사람이 된다. 이런 생각과 일치하지 않는 일은 나와 맞지 않는다는 이유로 거부된다. 새로운 행동, 새로운 정체성이 지금까지의 생각과 일치하지 않으면 거부감이 들 것이다.

기존의 기본 관념과 행동을 유지하는 것은 편하다. 그러나 변화에는 전혀 도움이 되지 않는다. 변화는 새로운 행동 방식을 요구하기 때문이다. 정체성 갈등은 변화를 방해하고 진보를 가로막는 주요 요인이다.

늘 뚱뚱했고 살을 빼는 것은 너무 어려운 일인데 굳이 달라져야 할 이유가 있을까? 지금까지 아침을 먹은 적이 없는데 굳이 내일 아침을 먹어야 할까? 피트니스 센터는 그저 근육맨을 위한 곳인데 굳이 그곳에 갈 이유가 있을까?

5 ✛ 버리고 싶은 습관이 있는가?

그러나 이것은 학습된 기본 관념일 뿐 절대적 사실도 진실도 아니다. 개인의 평가를 바탕으로 형성된 가정이자 변화를 막는 학습된 사고일 뿐이다. 이것이 사실일 리가 없다. 과거에는 사실이었을지 모르나 이제 당신은 이것이 사실이 아닌 새로운 사람이 되고자 한다.

이런 생각에 저항하고 변화에 도움이 되는 새로운 생각을 가지려면 새로운 기본 관념이 필요하다. 당신의 기본 관념을 끊임없이 따져 묻고 갱신하고 수정해라.

매일 1%만 변하면 된다

변화는 차근차근, 하루하루, 하나씩 이루어진다. 하룻밤 사이에 다른 사람이 된다면 자기 자신이 아닌 것 같은 기분이 들 것이다. 어색하고 미심쩍어 의심이 들기 시작하고 마음이 편치 않을 것이다.

변화는 매일 1%면 충분하다. 사소한 습관 하나만 바꿔도 충분히 효과적으로 원하는 결과를 얻을 수 있다. 아주 작은 변화라도 의미가 있고, 의미가 있으면 중요하고, 중요하면 주의를 기울일 필요가 있다.

어떤 사람이 되고 싶은가? 어떤 정체성을 갖고 싶은가?

_____

_____

내가 되고 싶은 그 사람은 어떤 습관이 있는가?

_____

_____

_____

그런 사람이 되려면 어떤 행동을 해야 하는가?

_____

_____

_____

이 행동을 일상화하려면 어떻게 해야 하는가?

_____

_____

_____

_____

　어떤 사람이 되고 싶은가? 당신이 되고 싶은 그 사람은 어떤 행동을 할지 곰곰이 생각해 보아라. 건강한 사람은 무엇을 먹을까? 훌륭한 의사는 어떻게 행동할까? 최고의 교사는 어떻게 행동할까? 우수한 팀장은 어떻게 행동할까? 진정성 있는 사람은 어떻게 행동할까?

특정 결과를 목표로 삼지 말고 어떤 사람이 될지 인격에 초점을 맞춰야 한다. 당신이 어떤 사람인지를 결정하는 것은 당신의 행동이다. 현명하게 결정해라.

생각을 큰 소리로 말해라

습관을 큰 소리로 말하면 의식적으로 습관을 알아차리고 습관을 바꾸는 데 도움이 된다. 당신이 습관적으로 하는 행동을 상세히 기술해라. "나는 잠에서 깨 알람을 끄고 커피 메이커를 켜고 샤워를 하고 수건을 걸고…." 당신이 행동하고 인식하는 것을 아주 큰 소리로 말해라. 수많은 무의식적 행동이 눈에 띌 것이다.

새로운 행동을 하려 노력할 때도 속마음을 큰 소리로 말하면 도움이 된다. "겁이 나. 하지만 꼭 해낼 거야." "초콜릿을 먹고 싶지만 참겠어. 살 빼야지." "산책하기 귀찮지만 매일 조금씩 더 움직이기로 했으니 나가자." "소파에 누워 쉬고 싶지만, 사랑하는 사람들을 위해 매일 뭔가를 하기로 한 나와의 약속을 지키겠어."

크게 말하면 주의가 집중되고 상황, 생각, 감정, 행동을 의식하게 된다. 모든 행동에 어느 정도씩 중요성, 진심, 무게가 실린다. 큰 소리로 말하면 더 강하게 인식하고, 결과를 더 잘 가늠하고, 더 명확하게 행동한다.

현재의 습관을 의식해야 비로소 변할 수 있다. 의식하기가 변화의 첫걸음이다. 뭔가를 의식해야 그것의 필요성과 정당성을 따져 물을 수 있다. 나쁜 습관은 나쁜 효과를 내고, 좋은 습관은 좋은 효과를 낸다.

나의 나쁜 습관은 무엇인가?

_____

_____

_____

_____

_____

이 습관은 내게 무엇을 주는가? 보상은 무엇인가?

_____

_____

_____

_____

_____

이 습관의 방아쇠는 무엇인가?

_____

_____

_____

_____

_____

5 ✛ 버리고 싶은 습관이 있는가?

이것을 대체할 수 있는 좋은 습관은 무엇인가?

_____

_____

_____

_____

_____

언제, 어떻게 나는 보상을 얻는가?

_____

_____

_____

_____

_____

      고전적 조건 형성classical conditioning의 고전은 행동에 대한 보상으로 일어난다. 특정 행동을 하면 기분 좋은 보상이 생긴다는 것을 배우고, 그러면 그 보상을 또 받기 위해 특정 행동을 기꺼이 반복한다. 동물도 우리도 그렇게 뭔가를 학습한다. 자극-반응-보상, 이런 식으로 새로운 행동을 학습하고 옛날 행동을 버릴 수 있다.

큰 보상은 고통과 인내 뒤에 있다

살을 빼면 얼마나 건강해지고 편해질까? 적게 먹으면 얼마나 기운이 빠지고 불쾌하고 불만족스럽고 업무 능률이 저하될까? 운동은 얼마나 귀찮고, 소파는 얼마나 안락한가?

기존의 생활 방식을 유지하려는 욕구는 새로운 생활 방식이 가져올 긍정적 결과보다 훨씬 강력하고 강렬하다. 그렇지 않은가? 그러므로 새로운 행동의 보상은 즉시 이루어져야 한다. 그렇지 않으면 습관을 바꾸기가 매우 어렵다.

사람도 동물도 즉각적 보상을 기대한다. 보상이 빠를수록 중독성은 더 강해진다. 중독성 물질이 그것을 아주 잘 보여 준다. 보상이 빠른 마약일수록 중독성이 강하다. 보상 체계 활성화가 느릴수록, 그 행동을 계속하기가 더 어렵다.

좋아하는 음식을 먹을 때 얼마나 빨리 포만감을 느끼는가? 음식은 상대적으로 빠르게 보상을 준다. 신체가 호르몬 분비로 즉시 반응한다. 설탕이나 카페인 역시 빠른 신체 반응을 유발한다.

문제는, 대부분이 자기 경험을 바탕으로 단기적 기쁨을 추구하거나 고통을 회피하는 결정을 한다는 것이다. 진짜 보상, 행복감, 손에 잡히는 긍정적 결과를 얻으려면 시간이 걸리기 때문이다. 반면 괴로움과 고통은 즉각적이다.

지금까지 끈기 있게 견디기보다 늘 중도에 포기했다면 부정적 기억만 남아 있을 것이다. 다이어트는 고통과 괴로움을 연상시킨다. 보상이 지연되거나 성취감을 느끼기에 너무 약하면 우리는 견딜 수 있다는 자신감을 잃을 뿐 아니라, 고통을 더 큰 보상을 위한 수단으로 보지 못한다.

그러나 우리가 가장 높이 평가하고 삶에서 가장 중요한 것들을 얻으려면 장기적 이익을 위해 단기적 불이익을 극복해야 한다. 예를 들어 애인이나 배우자에게서 우리는 맘에 들지 않는 성격 특징을 점점 더 많이 발견하지만, 그것을 견뎠을 때 비로소 세상에서 가장 멋진 감정인 무조건적 사랑의 보상을 얻는다. 직장 생활에서도 초기에는 힘들고 하찮은 업무들을 처리해야 하지만 그 단계를 견뎌내면 중요한 업무를 맡고 어쩌면 업무를 자유롭게 선택할 수도 있다. 명심하자. 단기적인 고통 회피는 우리를 발전시키지 않는다.

다이어트도 마찬가지다. 처음에는 힘들다. 배가 고프고 좋아하는 음식을 먹지 못하고 기분이 나빠지고 잠이 오지 않는다. 정말로 힘겹게 애써야 한다. 그러면서도 일상의 일들을 차질 없이 처리해야 한다. 마침내 저울이 성과를 보여 주고 거울이 새로운 몸을 보여 주는 첫 번째 성공을 맛볼 때 비로소 보상을 얻는다. 새로운 행동에서 성공을 맛보고 보상을 온전히 느낄 수 있을 때까지 참고 기다리며 견뎌야 한다.

체중 감량은 내게 어떤 보상을 주는가? 그것을 통해 어떤 이익을 얻는가?

_____

_____

_____

_____

_____

_____

언제, 어떨 때 보상을 얻기 시작하는가?

_____

_____

_____

_____

장기적 보상을 얻으려면 어떤 고통을 견뎌야 하는가?

_____

_____

_____

어떤 생각이 내게 도움이 될까?

_____

_____

_____

습관을 바꾸려면 행동이 바뀌어야 한다. 행동이 습관이 되므로 행동에 초점을 둬야 한다. 습관은 인격을 형성하고 정체성을 만든다. 습관은 작은 발걸음으로 변할 수 있다. 모든 작은 변화가 의미 있고 목표에 더 가까이 데려가므로 중요하다. 습관을 바꾸는 첫걸음은 성찰, 점검, 의식적 결정이다.

생각을 바꾸는 3단계

인지적 구조 변경은 생각(인지)을 바꾸는 입증된 방법이다. 이것은 세 가지 요점과 일련의 질문들로 구성된다. 이 방법을 통해 우리는 불쾌감의 원인이 나쁜 날씨가 아니라, 날씨에 대한 우리의 평가(비는 나쁘다)와 기대(맑은 날을 바랐는데, 이제 계획을 바꿔야 하잖아)임을 알게 된다. 인지적 구조는 세 단계를 순차적으로 거쳐 변경할 수 있다.

1. 억압적 사고 인지하기
2. 비판적으로 점검하기
3. 대안이 되는 유익한 생각 찾아내기

억압적 사고 인지하기

1단계는 사고 과정 인지하기다. 여기서는 ABC 방법이 매우 효과적이다.

- A activating event: 방아쇠 구실을 하는 사건
- B belief: 평가
- C consequence: 결과

아버지와의 전화 통화가 부정적 사고의 방아쇠라고 가정해 보자. 아버지는 전화 통화로 당신을 비난했다. 이제 당신은 곰곰이 생각한다. 왜 부정적 감정이 드는지 생각하고, 이 상황을 평가한다(무의식적 독백). '나는 늘 잘못만 하는구나. 아버지는 날 있는 그대로 받아들일 수는 없는 걸까?' 그리고 이런 생각(평가)의 결과는 다음과 같을 수 있다. '나는 화나고 슬프고 실망한다. 그 결과 나는 내 마음에 귀 기울이지 못하고 나 자신을 비난하고 욕하고 자책한다.' 우리의 사례(아버지와의 전화 통화)를 찬찬히 살펴보자.

- 방아쇠 구실을 하는 사건(A): 아버지와의 전화 통화
- 평가(B): 아버지는 나를 못마땅해한다. 나는 늘 잘못만 한다. 아버지는 언제나 나를 불쾌하게 한다.
- 결과(C): 나는 열등하고 사랑받지 못하고 쓸모없는 사람이라는 생각이 든다. 나는 슬프고 나 자신에게 실망한다. 나는 아버지를 욕하고 나를 정당화한다. 나는 쓸모없는 사람이고 사랑받지 못한다는 생각에 의기소침해진다.

이해를 돕기 위해 간략하게 사례 하나를 더 보자. 방아쇠(A): 엘리베이터를 타야 한다, 평가(B): 엘리베이터는 좁은 공간이고 꼼짝없이 갇힐 수 있다, 결과(C): 엘리베이터를 타면 안 된다.

무의식적 사고를 표면으로 끌어올리는 데 도움이 되는 연습이 바로 쓰기다. 앞에서 언급했듯이 생각을 기록하고 표현하는 것만으로도 충분하다.

더 확실히 하고 싶다면 며칠 동안 연달아서 매일 5분씩 당신이 인식하는 모

든 것을 기록해 보아라. 중간에 연필을 내려놓으면 안 되고 5분 동안 계속 써야 한다. 이때 수많은 '무의식적' 생각이 의식될 것이다. 당신은 수많은 의식적, 무의식적 생각들에 깜짝 놀랄 것이고, 당신이 쓴 문장들을 보며 또 놀랄 것이다. 아주 간단하지만 매우 통찰력 있는 연습이니 꼭 한번 해 보아라.

비판적으로 점검하기

2단계는 지금 상황에 대한 당신의 평가가 사실인지 점검하는 것이다. 다음의 질문에 순서대로 답해라.

- 이 생각이 유익한가?
- 이 생각이 사실인가?
- 이 생각이 100% 사실인가?
- 이 생각을 하면 기분은 어떤가?
- 이 생각을 하지 않으면 기분은 어떤가?

우리가 다른 사람을 비판하는 지점을 보면 종종 자기 자신에게서 가장 맘에 들지 않는 부분일 때가 많다(아버지는 날 있는 그대로 받아들일 수는 없는 걸까?, 나는 아버지를 받아들일 수가 없어, 아버지는 말이 너무 많아, 나는 말이 너무 많아).

이 생각이 유익한가?

아니다, 기분만 상한다.

이 생각이 사실인가?

아니다, 늘 잘못만 하는 건 아니다. 누구나 실수하기 마련이고, 그것은 정상이고 괜찮다. 나는 실수를 통해 발전한다.

이 생각이 100% 사실인가?

아버지가 '항상' 그렇게 나쁜 건 아니다. 이것은 잘못된 일반화다.

이 생각을 하면 기분은 어떤가?

기분이 나쁘다.

이 생각을 하지 않으면 기분은 어떤가?

기분이 한결 좋아지는 것 같다.

"이 생각이 사실인가?" 우리는 이 질문을 여러 다른 연습에서 이미 했었다. 이 질문을 할 때마다 당신은 많은 경우 사실이 아닌 것을 상상하고 생각한다는 걸 깨닫게 될 것이다. 최악의 시나리오는 걱정만 만들 뿐 사실일 때가 드물다.

인지적 구조 변경은 가슴보다는 주로 머리에서 일어나므로 "이것이 100%

사실인가?"와 "왜?"에 답하여 근거를 추가하면 크게 도움이 된다. 왜 이 생각은 사실이 아닐까? "나는 언제나 잘못만 하는 건 아니니까." "이것은 상상에 불과하고 이런 일이 정말로 일어날지 나는 모르니까." "그럴 확률이 아주 낮으므로…."

시험이 무섭고 실수할까 두려울 때, "왜 이것이 사실이 아닌가?"를 물으면 다음과 같은 근거를 댈 수 있다. "나는 최선을 다할 것이므로." "나는 준비를 많이 했으니까." "시험을 망칠 확률은 아주 낮으므로." "인간은 누구나 실수하고, 실수한다고 내가 죽는 건 아니므로…."

대안이 되는 유익한 생각 찾아내기

우리는 다른 사람을 바꿀 수 없다. 우리는 오직 우리 자신만 바꿀 수 있다. 그러므로 우리의 기분을 바꾸기 위해 우리가 할 수 있는 것은 오직 우리 자신, 우리의 생각을 바꾸는 것뿐이다.

> 아버지는 최선을 다해 나를 돕고자 하고, 나를 너무나 사랑해서 실수와 부정적 결과로부터 나를 보호하기 위해 쓴소리를 한다. 나는 아버지를 있는 그대로 받아들여야 한다. 나 역시 아버지가 나를 있는 그대로 받아들이기를 바라니까. 나는 아버지를 바꿀 수 없지만 나 자신은 바꿀 수 있다. 나는 내가 할 수 있는 일을 한다. 나의 괴로움은 내 생각에 달렸다.

바꾸고 싶은 두 가지 사고 습관을 선택해 인지적 구조 변경 방법을 활용해 보자.

바꾸고 싶은 사고 습관 1

_____

1단계: 억압적 사고 인지하기

방아쇠 구실을 하는 사건(A): _____

평가(B): _____

결과(C): _____

2단계: 비판적으로 점검하기

이 생각이 유익한가?

_____

이 생각이 100% 사실인가?

_____

왜 그런가(근거 세 가지를 적어라)?

_____

_____

_____

이 생각을 하면 기분은 어떤가?

_____

이 생각을 하지 않으면 기분은 어떤가?

_____

3단계: 대안이 되는 유익한 생각 찾아내기

_____

_____

_____

바꾸고 싶은 사고 습관 2

_____

1단계: 억압적 사고 인지하기

방아쇠 구실을 하는 사건(A): _____

평가(B): _____

결과(C): _____

2단계: 비판적으로 점검하기

이 생각이 유익한가?

_____

이 생각이 100% 사실인가?

_____

왜 그런가(근거 세 가지를 적어라)?

_____

_____

_____

_____

이 생각을 하면 기분은 어떤가?

_____

이 생각을 하지 않으면 기분은 어떤가?

_____

_____

_____

_____

_____

_____

생각을 기록하면 알게 되는 것

첫걸음은 자신의 독백을 주의 깊게 인지하는 것이다. 여기에 필요한 최고의 도구는 연필이다. 정기적으로 생각을 기록해라. 물론 명상이나 능동적 성찰로 인지할 수도 있겠지만, 명확한 단어와 문장으로 생각을 표현하는 것은 그것과 큰 차이가 있다. 생각을 기록해 보면 당신이 얼마나 엄격하게/관대하게 자신을 대하는지 곧바로 깨닫게 된다. 당신이 무엇에 몰두하는지 알 수 있고, 어휘 선택에서 독백의 어조를 확인하게 된다. 그렇게 자기 생각을 점점 더 명료하게 알게 되고, 자기 자신을 더 많이 발견하게 된다.

자주 등장하는 부정적 생각을 다르게 표현하는 연습을 마련해 두었다. 다음 표에 등장하는 부정적 문장들이 떠오른다고 상상한 뒤, 단호하게 "스톱"이라고 외치고 다른 표현으로 바꿔라. 이제 대안이 되는 유익한 생각을 찾아내고 문장을 고쳐 써라.

나는 모든 것을 완벽하게 해야 해.	
나는 실패자야.	
아무도 날 좋아하지 않아.	
나는 절대 해내지 못할 거야.	
틀림없이 불운이 또 닥칠 거야.	
나는 할 수 없어.	
나는 잘하는 게 하나도 없어.	

문제가 자신에게 있음을 받아들여라

습관을 바꾸고 싶은가? 두려움에서 벗어나고 싶은가? 그렇다면 자신에게 뭔가 문제가 있음을 먼저 인정해라. 우리는 대개 자신을 정당화하고 문제의 원인을 외적 상황에서 찾고 남을 탓하고 핑계를 대는 경향이 있다. 어떤 행동의 책임이 자신에게 있음을 인정해야 변할 수 있다. 자, 그러니 크게 외치고 인정해라.

행동의 책임이 당신에게 있다면 그것을 바꿀 힘도 당신에게 있다.

인정해라. 받아들여라. 사람들에게 말해라. 명확히 해라. 습관의 악순환을 끊고 거기서 빠져나오기는 쉽지 않다. 먼저 고치고 싶은 습관을 솔직하게 크게 말하고 인정하고 사람들에게 알려야 한다. "나는 매일 담배를 20개비씩 피워. 줄이고 싶어." "나는 거미가 너무 무서워. 이 두려움을 없애고 싶어." "나는 혼자 있는 게 싫어." "나는 실패가 너무 두려워." 크게 말하는 것만으로도 안도감이 생기고 어깨가 가벼워진다. 이 말을 들은 사람들은 당신의 솔직함에 감탄하며 기꺼이 당신을 응원하고 사랑할 것이다. 누군가와 함께 이 길을 동행한다면 성공 확률은 70%나 상승한다. 그러므로 전진이든 후퇴든 함께 걸어 줄 동행자 한 명을 구해라. "나는 매일 담배를 20개비씩 피워. 바꾸고 싶은데, 네가 도와주면 좋겠어." "나는 혼자 있는 게 싫어. 좋은 사람 만날 수 있게 도와줄래?" "나를 위한 시간을 내고 싶어. 이런저런 핑계로 실천을 미루지 않게 도와줘."

괴로움을 선택한 것은 자신이다

'아픔은 피할 수 없지만 괴로움은 선택이다 Pain is inevitable, suffering is optional.' 이 문장을 천천히 읽어라. 그리고 한 번 더 읽어라. 아픔은 피할 수 없지만 괴로움은 선택이다. 무슨 뜻일까? 인생에서 어떤 것들은 바꿀 수 없다. 주어진 대로 받아들일 수밖에 없다. 상황, 사람, 결과가 주는 아픔은 받아들일 수밖에 없지만, 그렇다고 반드시 괴로워야 하는 건 아니다.

비 때문에 계획이 망가졌다고 해서 온종일 화를 내며 자신과 주변 사람을 괴롭게 할 필요는 없다. 이 상황을 오히려 기회로 볼 수 있다. 마침내 집을 정리할 기회, 당신만을 위한 하루로 만들 기회, 파티를 열 기회. 이별을 통보받았다면 당연

누군가를 그리워한다   누군가를 그리워하는 나를 인식한다

히 슬프고 아플 수 있다. 하지만 괴로워하기보다 긍정적 결과에 초점을 맞출 수 있다. 예를 들어 당신은 온전히 자기 자신에게 집중할 수 있고, 취미 활동에 더 많은 시간을 낼 수 있으며, 일일이 해명하지 않아도 되고, 음식을 나누지 않아도 된다. 공식은 간단하다. 받아들이기, 그리고 초점 바꾸기.

소림사 승려들은 뜨거운 숯덩이 위를 평온하게 걷는다. 아픔을 인식하고 받아들이되 괴로워하지는 않겠다고 결심했기 때문이다. 아버지, 어머니가 당신을 비판한다고 가정해 보자. 비판은 당신을 화나게 하고 열등감과 불쾌감을 줄 수 있다. 하지만 꼭 그런 감정을 느낄 수밖에 없을까?

불쾌감을 피할 수는 없을까? '당신'이 불쾌감을 느끼겠다고 결정한 건 아닐까? 비판을 인식하고 솔직하게 자신에게 물어라. "이런 기분이 들 수밖에 없는 걸까? 꼭 이렇게 느껴야 하나? 이 기분이 내게 도움이 될까?"

누군가를 그리워하면 외로움과 슬픔이 우선순위에 오른다. 그러나 이것은 당신의 선택이다. 괴로워할 필요는 없으므로 외로움과 슬픔을 선택했다. 상황을 받아들인 후, 도움이 되지 않는 감정은 버리겠다고 결심할 수 있다. 생각과 걱정

을 기록한 후, 그것을 바탕으로 다른 생각을 찾아낼 수 있다. 인식과 초점을 다른 데로 돌릴 수 있다. '그리움에 나는 슬프다' 대신에 '그리워할 누군가가 있어서 나는 기쁘다'로 생각이 바뀔 수 있다. 즉흥적 감정에서 초점을 거두어 상황에 담긴 긍정적 측면으로 옮긴다. 모든 상황에는 반드시 긍정적 측면이 있다. 설마 당신은 그리움에 긍정적 측면이 전혀 없다고 생각하는가?

감정을 인정하고 받아들이고 책임지면 그것을 바꿀 힘도 생긴다. 이것은 기본적으로 유익하고 매일 기쁨을 주기 때문이다. 불쾌감과 괴로움은 당신의 선택에 달렸다. 당신은 언제나 기분 좋은 쪽을 결정할 수 있다.

변할 수밖에 없는 상황을 만들어라

우리는 앞에서 이미 삶의 동기 부여 요소 두 가지를 다뤘고, 고통이 기쁨보다 더 강한 동기 부여 요소임을 확인했다. 또한 당신이 절대 하지 않을 것이 무엇이고 그 이유가 무엇인지도 생각해 보았다.

이제 너무 '고통스러워서' 바꿀 수밖에 없는 극단적 사례를 보자. 운동하기가 귀찮은가? 그렇다면 배가 드러나는 옷을 입고 쇼핑센터를 활보해라. 아마도 너무나 창피하여 그 자리에서 즉시 변화를 각오할 것이다. 초콜릿을 끊고 싶은가? 그렇다면 쇼핑 목록에 오직 초콜릿만 적고 세끼 모두 초콜릿만 먹어라. 얼마나 빨리 초콜릿에 싫증이 나는지 알게 되리라. 늦어도 4일 뒤면 영양실조로 몸도 기분도 나빠지고 안색도 좋지 않을 것이다.

게으름을 극복하고 싶은가? 그것을 위한 극단적인 사례를 떠올려라. 쓰레기 더미가 방을 가득 채우고 옷이 바닥에 널려 있고 확인하지 않은 이메일과 우편물로 우편함이 폭발 직전이고, 당신 자신마저 방치될 때까지 아무것도 하지 마라. 친구들과 가족을 초대하여 당신의 게으름을 널리 알려라. 그들이 놀라서 얼굴을 찌푸리게 해라. 당신은 너무나 창피하여 변할 수밖에 없으리라.

외부의 강한 압박과 명료한 선언이 종종 필요하다. 그래야 우리는 비로소 변화를 시작한다. 건강한 식습관을 원하면 친구들에게 부탁하여 식당에서 크게 당신을 돼지라고 욕하게 하여 사람들의 눈이 당신에게 쏠리게 해라. 이 방법은 너무 극단적이고 마음이 여린 사람에게는 적합하지 않지만, 효과가 매우 좋고 모두에게 통한다. 우리는 모두 사회적 존재이고 칭찬, 소속감, 인정은 모든 인간의 욕구이므로 외부에 드러나는 이미지를 매우 중시하기 때문이다. 고통은 변화를 위한 최고의 동기 부여 요소다.

사람들은 언제 정말로 변할까? 곰곰이 생각해 보아라. 알고 있는 사례가 있는가? 그들은 종종 거의 죽다 산 경험을 했거나 변화를 강요받았을 터이다. 인간은 그럴 때 변하기 때문이다. 변화 외에는 탈출구가 없을 때나 질병이 발생해야 변한다. 사랑하는 사람이 떠나거나 죽어야 변한다. 인생은 때때로 이해할 수 없는 방향으로 흐르고 정당하지도 않다. 저마다 다른 시험대에 오른다. 각자가 마주한 시험을 이겨 내야 한다. 그래야 삶도 이겨 낼 수 있다.

당신이 원하는 것과 정반대 상황을 상상해라. 완전한 실패, 최악의 상태. 이 상황을 모든 감각으로 느끼고 말할 수 없이 고통스러운 일로 상상해라. '어쩌면, 그러나, 혹은' 따위는 없다. 지금 변하지 않으면 겪게 될 고통, 상실, 괴로움을 상상해 보아라. 그 속에서 몇 분 동안 고통을 느껴라. 모든 부정적 감정을 끌어모아 나쁜 결과와 연결해라.

나의 문제는 어디까지 최악으로 나빠질 수 있을까? 어떻게 최악의 상황을 만들어야 이 문제에서 영구적으로 벗어날 수 있을까?

\

\

\

\

이제 당신은 고치고 싶은 습관을 부정적으로 보게 된다. 어쩌면 더 나빠질 수 있는 상황과 비교하는 것만으로도 현실을 더 좋게, 더 강하게, 더 만족스럽게 여길 수 있을 것이다. 여기에서도 우리의 사고 습관이 우리보다 강하기 때문이다. 팔이 부러진 것은 팔이 잘려 나간 것보다 나쁘지 않다. 해고는 집이나 아내를 잃는 것보다 나쁘지 않다.

적합한 비교 대상을 선택함으로써 우리는 원하는 것을 손에 넣을 수 있다. "직장을 잃었지만, 다행히 내게는 아내와 집이 있어." 안타깝게도 우리는 종종 자기 자신이 더 형편없고 하찮아 보이게 하는 비교 대상을 선택한다. 이웃의 탐스러운 사과와 우리 정원의 왜소한 사과를 비교한다. 낯선 모델과 배우자를 비교한다.

윤기가 흐르는 탐스러운 머리카락, 탄탄한 체형, 풍족한 돈, 등등. 그러나 당신이 부러워하는 그들과 얘기를 나눠 보면 그들 대다수가 각자의 문제를 가졌고 이겨 내야 할 시험 앞에 서 있음을 알게 될 것이다.

자신이 가지지 않은 것은 언제나 더 좋아 보인다. 좋은 점에만 초점을 맞추기 때문이다. 자신이 가진 것은 종종 더 나빠 보인다. 부족한 점에 초점을 맞추기 때문이다. 여기에서도 "스톱"이라고 외치고 생각을 바꿔야 한다. 생각을 인식하고 점검하고 바꿔야 한다. 의식적으로 초점을 다른 곳으로 옮기고 생각을 주의 깊게 봐야 한다.

집중적으로 부정적 감정 상태를 상상한 뒤, 정반대로 긍정적 감정 상태를 상상해라. 부정적 감정과 그 뒤를 따르는 긍정적 감정의 대조가 강할수록 긍정적 감정을 더 강렬하게 경험할 것이다. 그러나 이런 감정 변화에는 시간이 필요하다. 차분히 기다리면 약 2, 3분 뒤에 긍정적 측면이 보이기 시작한다. 원치 않는 나쁜 일이 사라지면 그렇게 된다. 시간을 충분히 내서 매일 최소한 한 번씩 이 연습을 반복해라.

변화를 통해 무엇을 얻게 될까? 무엇이 좋게 바뀔까? 무엇에 자부심을 가질까?

_____

_____

_____

_____

왜 그럴까? 누구에게 이것을 얘기하게 될까? 그들은 어떻게 반응할까?

_____

_____

_____

_____

이것을 조건화라고 부른다. 조건화란 단순하게 말하면 두 가지 일이 서로 밀접하게 연결되고 서로 조건이 되는 것을 말한다. 예를 들어, 박수 소리와 개의 움찔거림이 자주 반복적으로 동시에 일어나면 개는 박수 소리가 날 때마다 움찔거리도록 조건화될 수 있다. 개는 왜 박수 소리에 움찔거릴까? 자주 맞았고, 박수 소리가 때리는 소리처럼 들리기 때문에 움찔거린다. 반복으로 조건화되고 학습되고 밀접하게 연결되어 조건화 자극이 자동화된 행동으로 이어진다.

더 나은 삶을 위해 변화를 결정하는 순간, 모든 것이 유익하게 개선된다.

우리는 살면서 다양한 조건화를 무의식적으로 형성했다. 퇴근과 트레이닝복이 조건화된다(자극: 퇴근, 반응: 트레이닝복 입기). 소파에 누워 간식이나 과자를 먹는 것 역시 조건화일 수 있다(자극: 소파에서 텔레비전 보기, 반응: 간식). 소파에 눕는 것이 뭔가를 먹는 조건이 될 수 있다. 우리는 무의식적으로 자극과 반응을 반복한다.

우리의 뇌는 습관을 사랑하고 조건화될 수 있다. 그러므로 벗어나기 힘든 나쁜 습관에 빠지는 대신 그것을 좋은 쪽으로 이용해야 한다. 반복은 훈련이다. 좋은 생각과 행동을 위한 훈련일 수도 있고 자신을 더 하찮고 더 무기력한 겁쟁이로 만드는 훈련일 수도 있다. 반복을 통해 새로운 행동을 배울지, 옛날 습관을 강화할지는 우리의 결정에 달렸다.

6

나는 누구인가?

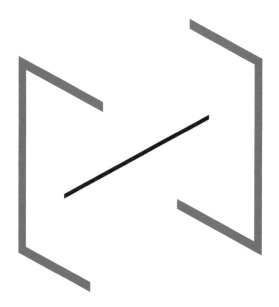

효과적이고 장기적인 변화를 위해서는 먼저 자신이 누구인지를 알아야 한다. 모든 인간은 저마다 독특하고 고유한 유전자와 환경과 경험을 가졌다.

어떤 사람은 비만을 부의 상징으로 보고, 어떤 사람은 자기 관리 부족의 증거로 본다. 어떤 사람은 빠르게 걷고, 바쁘게 살고, 시간을 모래시계와 같다고 여긴다. 어떤 사람은 시간을 멋진 여행으로 여긴다. 호기심을 가지고 천천히 흥미롭게 걸어가는 여행. 어떤 사람은 눈을 맞추고 신체를 접촉하는 일이 버겁다. 어떤 사람은 스킨십을 좋아하여 반갑게 포옹하고 어깨를 토닥이며 인사한다. 청결 관념도 문화, 경험, 가치관에 따라 제각각이다. 그렇게 우리는 모두 다르다. 우리는 특별하고, 사랑받을 자격이 있고, 스스로 믿는 것보다 훨씬 더 강하다.

겉으로 보이는 나, 겉으로 보이지 않는 나

옷, 행동, 언어, 식습관처럼 겉으로 드러나는 일은 쉽게 인지할 수 있다. 이렇게 명확히 드러나는 것이 언제나 사실인 건 아니지만, 우리는 그것을 외부에 전달하고 겉으로 드러내려 애쓴다.

이런 표면적 모습 아래에 눈에 잘 띄지 않는 차원이 있다. 감정, 몸짓 언어, 일하는 속도, 청결, 참을성, 시간관념 등. 이 차원은 첫눈에 인식되지 않는다. 그래서 직

193

장 동료는 당신의 이런 두 번째 모습을 알지 못할 수 있다. 그러나 가까운 친구나 가족, 즉 당신과 자주 만나고 가까이 사는 사람들은 두 번째 차원을 알아차린다.

마지막으로 가장 깊숙한 곳에 있는 차원은 겉으로 드러나지 않는다. 감춰진 모습을 자기 자신조차 의식하지 못하는 경우도 많다. 욕구, 동기, 생각, 자존감, 자의식, 정체성, 학습된 기본 관념, 견해, 가치관, 종교관, 사랑관, 자유관, 아름다움과 강함에 관한 관점, 삶과 죽음을 보는 마음 자세 등이 여기에 속한다. 이 차원은 당신이 겉으로 드러내겠다고 결정할 때만 표면으로 올라온다. 외부에 전달된 이미지와 그 아래의 두 번째 모습은 이 세 번째 차원에 좌우된다.

마음에 관한 세 가지 차원은 프로이트의 빙산 모델을 기반으로 한다.

모두가 당신의 모든 면을 인식하진 않는다.
우리는 대개 한 사람의 한 가지 역할과 한 면만 본다.

물론 마음의 대부분이 무의식적으로 작용해서 전문적 도움이 없으면 가치관, 견해, 원동력, 해석, 욕구 뒤에 깊이 감춰진 진짜 근원을 알아내기는 힘들다. 우리는 많은 것을 절대 발견하지 못할 것이다. 그러나 무의식적이고 감춰진 가치관, 견해, 관점, 기본 관념, 욕구에 더 주의를 기울이고 몰두하는 것은 굉장히 도움이 된다.

이런 숨은 보물에 접근하기 위한 최고의 수단은 여기서도 질문이다. 질문을 통해 세 번째 차원이 점차 겉으로 올라올 것이다. 당신은 그것이 어디에서 왔는지 알아낼 것이고, 자기 자신을 더 원만하고 개방적이고 강하고 여유로운 사람으

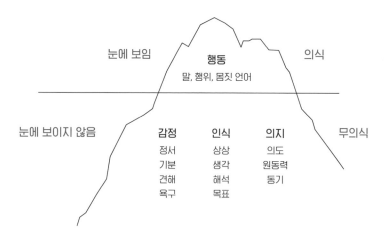

지크문트 프로이트의 빙산 모델

눈에 보이는 것은 빙산의 일각뿐!

눈에 보임 　　　　**행동** 　　　　의식

말, 행위, 몸짓 언어

눈에 보이지 않음 　　**감정** 　　**인식** 　　**의지** 　　무의식

감정	인식	의지
정서	상상	의도
기분	생각	원동력
견해	해석	동기
욕구	목표	

로 느끼게 될 것이다. 명심해라. 사고 습관, 견해, 원동력, 욕구에는 좋고 나쁨이 없다. 모든 것에는 나름의 유용성이 있고 의미가 있다. 그것을 수용할지 바꿀지는 당신의 결정에 달렸다. 이제 당신 자신에게 접근해 보자. 의식적이고 겉으로 드러나는 차원에서 감춰진 원동력으로 들어가 보자.

어떤 옷을 즐겨 입는가? 어떤 색, 소재, 스타일의 옷인가?

_____

_____

_____

_____

어떤 견해, 가치관, 관점 때문에 이렇게 입는가?

_____

_____

_____

아름다움은 내게 무엇을 의미하는가? 사람은 언제 매력적인가?

_____

_____

_____

_____

언제 자신을 매력적이라 여기는가?

_____

_____

_____

나에게 강함은 무엇을 의미하는가?

_____

_____

_____

_____

인생을 바꾸는 질문들

언제 내가 강하다고 느끼는가?

_____

_____

_____

나에게 자유는 무엇을 의미하는가?

_____

_____

_____

_____

언제 자유롭다고 느끼는가?

_____

_____

_____

삶을 무엇이라고 생각하는가? 삶을 생각하면 기분이 어떤가?

_____

_____

_____

_____

죽음을 무엇이라고 생각하는가? 죽음을 생각하면 기분이 어떤가?

_____

_____

_____

_____

사랑을 무엇이라고 생각하는가? 사랑을 생각하면 기분이 어떤가?

_____

_____

_____

_____

어떤 감정을 표현하기가 어려운가?

_____

_____

_____

유년기와 주변 환경을 통해 이 감정에 관해 어떤 경험을 했고 어떤 기억을 가졌는가?

_____

_____

_____

인생을 바꾸는 질문들

억눌렀던 욕구가 있는가? 있다면 무엇인가?

_____

_____

_____

_____

어떤 욕구를 쉽게 억누를 수 있는가? 언제, 어디에서 이것을 배웠는가?

_____

_____

_____

_____

가장 큰 원동력(동기 부여 요소)는 무엇인가?

_____

_____

_____

_____

왜 그런가?

_____

_____

_____

_____

누군가 내가 어떤 사람인지 알려 주기 위해 나를 흉내 낸다면 그는 나를 어떻게 묘사할까? 가장 눈에 띄는 나의 특징, 외모, 어휘 선택, 몸짓 언어 등은 무엇인가?

_____

_____

_____

_____

목표가 명확한 질문에 의식적으로 대답하는 것만으로도 자신의 학습된 사고 습관, 평가 패턴, 행동 패턴을 확실히 마주할 수 있다. 즉시 대답하지 않아도 되므로 이 질문들을 기록해 두고 대답을 찾을 때까지 며칠이고 자주 자신에게 물어라. 대답과 함께 종종 기적이 찾아올 것이다.

우리 스스로 개방성을 늘리고 자동화된 평가를 줄여야 한다. 모두가 저마다 살면서 획득한 자신만의 논리(견해, 평가, 기본 관념)를 따르므로 자기 자신과 타인을 더 많이 받아들이고 사랑하고 가치를 인정해야 한다. 인간은 변덕스러운 존재가 아니다. 인간은 성장하고 배우고 그것에 맞게 자신을 형성한다.

이 연습의 목표는 모든 것을 바꿔 완전히 새로운 사람이 되는 게 아니다. 그저 자신을 더 잘 이해하는 것이 목표다. 이때 기원을 이해하는 것이 크게 도움이 된다. 당신이 뭔가를 바꿔야 한다면 그것이 삶에 부정적 영향을 미치는 방해 요소이기 때문이다. 그럴 때는 비판적이어도 되고, 전진을 위해 자기 자신에 대한 이해를 도움닫기로 이용해도 된다.

내가 생각하는 나

자기 인식이란 당신이 당신 자신을 어떤 사람으로 인식하는지를 뜻한다. 자신의 강점과 약점을 알고 당신이 다른 사람에게 어떻게 보이는지 이해하는 것이다. 타인 인식의 반대라고 보면 훨씬 이해하기 쉬울 것이다. 겉으로 확연히 드러나는 부분부터 작은 세부 사항에 이르기까지 우리가 타인을 볼 때 감지하는 모든 것이 타인의 이미지이고, 이것을 토대로 타인을 어떤 사람으로 인식하느냐가 타인 인식이다.

당신은 자신의 일부를 겉으로 드러내고, 당신도 타인도 그것을 안다. 당신은 알지만 타인에게는 감추고 싶은 부분도 있는데, 이것은 숨겨진 영역이다. 또한 당신도 타인도 알지 못하는 미지의 영역이 있고, 당신은 모르고 타인은 아는 보이지 않는 영역이 있다. 무엇보다 보이지 않는 영역을 발견하는 것이 목표여야 한다. 다른 사람은 아는데 당신은 (아직) 모르고 있는 당신의 행동과 특징에 주의를 기울여야 한다.

예를 들어, 나의 한 여성 의뢰인은 다음과 같은 연습을 했다. 먼저 친구들과

조하리의 창

	타인이 아는 부분	타인이 모르는 부분
자신이 아는 부분	열린 창	숨겨진 창
자신이 모르는 부분	보이지 않는 창	미지의 창

가족이 의뢰인의 특징과 재능을 열거했다. 의뢰인은 이것을 찬찬히 읽으며 보이지 않는 창 영역에 주의를 기울였다. 그러자 생각지도 못했던 특징들이 드러났다. 이를테면 의뢰인은 친구들을 잘 연결하고 우정을 잘 나누고 정리 정돈을 잘하고 인내심이 강하고 언제나 친절하다. 특히 남동생이 말하기를, 그가 누나를 화나게 하더라도 누나는 언제나 그에게 다정했다고 한다. 반면 의뢰인은 자신이 전혀 다정하지 않고 오히려 동생을 너무 함부로 대할 때가 많다고 생각했다. 남동생의 생각은 전혀 달랐다. 그는 언제나 누나의 사랑을 느꼈다. 어머니는 딸이 자신과 달리 다른 사람들과 아주 잘 지내고 금세 호감을 산다고 썼다. 그러나 의뢰인은 자신이 부끄러움이 많고 사람들에게 잘 다가가지 못하고 그것이 자신의 약점이라고 말했다.

의뢰인의 어머니는 어떻게 그런 생각을 하게 되었을까? 자신의 어떤 특징과 딸을 비교한 걸까? 어머니와 딸이 사용한 어휘가 같은 뜻이고 같은 특징을 기술한 걸까? 어머니가 본 딸은 자신과 달리 친구 관계를 오래 유지했고, 공감 능력이 좋고, 다른 사람이 힘들고 도움이나 위로가 필요할 때 그것을 즉시 알아차렸다. 어머니가 딸을 보는 눈과 의뢰인이 자기 자신을 보는 눈이 달랐다. 의뢰인은 설령 사람들에게 다가가는 것이 서툴더라도 사회적 역량이 요구될 때는 그런 재능을 발휘할 줄 안다. 그녀는 다른 사람을 돌보고 다른 사람의 마음을 읽고 바르게 이해하고 대할 줄 안다. 인내심 역시 의뢰인이 생각하지 못한 특징이었다. 금세 인내심을 잃는 아버지는 모든 상황에서 냉정함을 유지하는 딸에게서 침착성을 보았다. 그러나 정작 본인은 기다리는 것을 좋아하지 않는다며 인내심이 없다고 생각했다. 인내심을 가지고 감정을 억제하고 차가운 머리를 유지하는 자기 자신을 보지 못했다.

자기 자신을 사실 그대로 균형 있게 인식하려면 자신을 긍정이나 부정의 틀에 가두지 않는 것이 중요하다. (의식적으로나 무의식적으로) 일부를 삭제하고 강점과 특별한 능력에만 집중하면 자기 자신에 대한 완전한 그림은 생길 수 없다. 오로지 약점에만 집중하는 것 역시 도움이 안 되고 진짜 모습도 아니다.

바로 이것이 자기 인식의 도전 과제다. 자신에게 솔직하고, 약점과 실수를 인정할 수 있으며 그것 때문에 자신이 나쁜 사람이 되는 건 아님을 이해하기란 쉽지 않다. 자기 자신에게 거짓말을 하는 것이 종종 더 쉽다.

타인이 보는 나

자신의 평가와 타인의 평가를 비교할 수 있는 좋은 테스트가 있다. 당신의 다양한 역할에서 알고 지내는 여러 사람에게, 당신이 어떤 사람이라고 생각하는지 물어라. (당신이 맡은 역할에 따라) 저마다 당신의 다른 면을 인식하기 때문에 대답이 제각각일 수 있다. 그러나 평가는 점점 사실에 가까워질 것이다. 친구, 부모, 직장 동료, 동호회 회원, 택시 운전사, 서점 점원 등 모두가 당신을 다르게 평가할 것이다. 명심하자. 질문을 받은 모두가 당신의 다른 면을 본다. 당신의 모든 면을 모두에게 보여 주지 않기 때문이다. 그리고 그들의 평가는 순전히 주관적이고 반드시 사실과 일치하는 건 아니다.

내가 보는 나와 다른 사람이 보는 나를 비교할수록 보이지 않는 창 영역(무의식적 특징)을 더 많이 발견할 수 있다. 사람들이 솔직하게 답할 수 있게 당신의 긍정적 특징과 부정적 특징을 익명으로 쪽지에 적도록 청할 수 있다. 각기 다른 분야에서 적어도 다섯 명을 찾아 당신에 대해 말해 달라고 청해라. 이제 당신에게 선택받는 영광을 누릴 사람을 곰곰이 생각해라. 그리고 모든 것을 동시에 비교할 수 있도록 7일 이내에 평가를 마쳐라.

A의 설명

_____

_____

_____

_____

B의 설명

_____

_____

_____

C의 설명

_____

_____

_____

인생을 바꾸는 질문들

D의 설명

_____

_____

_____

_____

E의 설명

_____

_____

_____

_____

여러 번 거론된 특징과 공통점은 무엇인가?

_____

_____

_____

차이점은 무엇이고 독특한 특징은 무엇인가?

_____

_____

_____

내가 보이고자 했던 모습과 사람들의 대답이 일치하는가?

_____

_____

_____

깜짝 놀란 대답이 있었는가? 왜 놀랐는가?

_____

_____

_____

_____

이 연습에서 무엇을 깨달았는가?

_____

_____

_____

_____

    어떤 사람은 자신의 긍정적 측면에만 너무 강하게 집중하는데, 그것은 직장에서뿐 아니라 부부나 연인 관계에서도 큰 문제의 싹이 될 수 있다("나는 모든 일을 언제나 직접 처리해야 하는 사람이고, 나는 일을 아주 잘하고, 절대 실수하지 않는다").

인생을 바꾸는 질문들

그러나 우리는 기본적으로 다른 사람의 평가보다 더 나쁘게 자기 자신을 평가하는 경향이 있다. 그러므로 타인의 평가와 자신의 평가를 비교하면 자신감을 얻게 될 것이다. 새로운 강점, 능력, 좋은 특징들을 발견하여 흐뭇해질 것이다.

우리는 네 이웃을 사랑하라고 배웠기 때문에 다른 사람들에게 불필요한 불쾌감을 주지 않기 위해 듣기 좋게 말한다. 이 연습에서도 이런 성향이 드러나 사람들이 당신에 대해 미화해서 말할 수 있다. 작은 단점이라도 반드시 적어야 한다고 특별히 강조해서 말하지 않는다면 사람들은 당신의 마음을 다치게 하고 싶지 않아서 긍정적인 면에만 집중할 수 있다. 그러므로 멋진 면모만 기술되고 부정적 특징은 제외될 수 있다.

불쾌감을 주는 행동이나 특징이 기록되었다면 더욱 좋은 일이다! 그것을 계기로 습관을 고치고, 자신을 비판적으로 점검하여 수용할지 거부할지 결정할 수 있기 때문이다. 가슴 아픈 말을 들었다면 적어도 고칠 수 있는 뭔가 중요한 특징 하나를 발견한 것이다. 명심해라. 모든 고통은 스승이다. 모든 고통이 우리에게 동기를 부여한다.

지금의 나를 만든 건 과거의 나

우리가 누구인지는 스스로 결정한다. 우리는 청소년기에 비로소 의식적으로 이런 결정을 내린다. 개별 인격체로, 남자 여자로, 어른으로 성장해 가는 사춘기에 의식적으로 고유한 정체성을 드러내고자 한다. 대다수가 청소년기에 이 특정 단계를 거쳤다.

아마도 우리는 '쿨한' 사람, 축구를 좋아하는 사람이 되거나 연극, 독서, 체스 클럽 등에 소속되기로 결정했을 것이다. 일부 아이들은 스케이트보드를 타고 거기에 어울리는 옷을 입고 같은 취미를 가진 친구를 사귀고 자기들끼리 통하는 은어를 사용한다. 또 일부 아이들은 자신의 성 정체성을 의식적으로 드러내고자 하고, 부모에게도 새로운 모습을 보여 이제 어른이 되었음을 이해시키려 한다. 이때 외적으로 드러나는 이미지와 내적 태도가 서로 적응한다.

당연히 사춘기 이후에도 자아를 정의하고 수정하고, 겉으로 드러나는 이미지를 가치관에 적응시킬 수 있다. 예를 들어, 채식주의자는 자신이 채식주의자임을 의식적으로 드러내고자 한다. 축구 선수는 유니폼을 즐겨 입는다. 유니폼을 입었을 때 기분이 가장 좋고 다른 사람에게 자신이 누구인지 기꺼이 드러내고 싶기 때문이다. 창조적이고 기발한 사람으로 인식되길 원하는 마케팅부 직원은 그런 모습을 겉으로 드러내고자 하고, 사람들은 그를 그렇게 대할 것이다.

우리는 생각에 우리를 맞춘다. 내면이 밖으로 드러난다. 만약 내면의 변화에 애쓰지 않고 외면만 바꾸려 하면 그것은 오래 유지되지 않을 뿐 아니라 진정성 없고 거북하고 어색해 보일 것이다. 내적 가치관과 외적 이미지의 부조화가 금세 주변 사람들의 눈에 띌 것이다.

생각을 바꾸고 기본 관념을 수정한다면 다른 사람에게 비치는 당신의 외적 이미지, 첫인상, 마지막 인상이 자동으로 바뀔 것이다. 그러므로 내면부터, 생각부터 바꾸기 시작해야 한다.

'나는 스포츠를 즐긴다. 나는 운동선수다.' 속으로 이렇게 주장하는 사람은 이런 기본 관념과 정확히 일치하는 삶을 산다. 운동선수처럼 정기적으로 훈련하는 루틴을 개발한다. 그 결과 기본 관념이 재확인되고 종국에는 습관이 된다.

'나는 담배 끊기가 힘들다. 나는 늘 흡연자였다. 부모님도 담배를 피운다.' 많은 사람이 이런 생각으로 계속 흡연자로 머물고 중독자가 되도록 스스로를 부추긴다. 이렇게 자신의 변화 능력을 제거한다면 그것은 자기 삶에 대한 책임을 버리고 기본 관념과 과거에 굴복하는 것이다.

'나는 활력이 넘친다. 나는 조용히 휴식하기를 원치 않는다. 활기는 나를 지탱하는 힘이다.' 먼저 이 문장의 사실 여부를 따져 보자. 휴식과 이완은 없어서는 안 되는 매우 중요한 일이다. 등한시해서는 절대 안 되는 욕구다. 또한 이 문장에는 유익하지 못한 기본 관념이 들어 있고, 실패를 가벼이 보거나 실수에 핑계 대기 좋게 정의되었다.

모두가 자동화된 평가와 기본 관념을 가졌다. 이것은 총알처럼 발사되어 나오고, 상대의 주장을 무력화하고 자신을 정당화하기 위해 사용된다. 실패를 더 견디기 쉽게 하고 죄책감을 덜기 위해 오래전에 벌써 핑계를 실패의 원인으로 정의해 두었다.

변화를 꾀할 때 가장 나쁜 기본 관념이 바로 '나는 원래부터 이런 사람이다'이다. '나는 원래 이런 사람이고 지금도 이런 사람이고 앞으로도 이런 사람일 것이다.' 이와 같은 생각은 우리의 길을 가로막고 긍정적 변화의 에너지를 없앤다. 생각은 감정을 유발하고 감정은 행동을 유발한다. 그러므로 이런 생각으로는 결코 행동 변화에 도달하지 못한다. 기본 관념은 자신을 글이 빼곡히 들어찬 종이라고 여겨 뭔가를 지울 수도 없고 새로 작성할 수도 없으며 아무것도 바꿀 수 없고 바꿀 힘도 없다고 선언한다. 이 선언은 틀렸다.

우리는 백지 상태로 세상에 온다. 교육학에서 '타불라 라사*tabula rasa*(비어 있는 판)'라고 일컫는 상태. 처음에는 아무것도 모르고, 평가하지 않고, 옳고 그름도 몰랐다. 열려 있고, 호기심이 많고, 평가 기준으로 삼을 경험적 가치관이 없었다. 시간이 흐름에 따라 백지에 내용이 채워지고 경험이 쌓이고 지식이 기록되고 연결되고 저장되었다. 그러나 우리는 초등학교 입학 첫날에 지우개를 받았고 나중에는 수정액을, 그다음 직장에서 수정 테이프를 사용해 실수를 수정할 수 있었다.

또한 처음에 유아 변기를 사용했지만, 서서히 화장실 변기에 적응했다. 그때 우리는 "안돼, 나는 못해. 나는 이렇게 배웠고 바꿀 수가 없어"라고 말하지 않았다. 수학 시간에 2×3의 결과가 8이라고 우기며 답을 고치기를 거부하지 않았다.

부모는 우리가 포기하지 않고 필요한 발걸음을 내딛도록 용기를 북돋아 주었다. 이제 당신이 당신의 부모 역할을 해야 한다. 당신은 스스로에게 자상한 부모인가 엄한 부모인가? 아이인 당신은 운동을 더 많이 하기 위해, 중독이나 나쁜 습관에서 벗어나기 위해, 일관된 목표를 추구하기 위해, 우울증이나 공포증에 맞서 싸우기 위해 무엇이 필요한가?

자, 이제 자신에게 물어라. 나는 누구인가? 어떤 경험을 통해 나는 이런 사람이 되기로 결정했나? 기존의 기본 관념이 사실인지, 아니면 특정 상황에서 과거 한때 사실이었을 뿐 지금의 삶에는 아무 의미가 없는지 점검하려면 그것이 언제 어디에서 비롯되었는지 알아야 한다.

당신이 누구인지 보여 주는 성격, 가치관, 견해, 생활 방식, 표준을 살펴보아라. 다음의 예시를 참고해라.

친절

나는 항상 친절하고 싹싹한 사람이 되려고 노력한다. "싫어요"라고 말하기가 힘들다. 어머니는 항상 친절했다. 나는 어머니의 행동을 기꺼이 모범으로 삼는다. 나는 자기 자신에게 주의를 기울이고 자신의 목소리와 원동력을 좇는 법을 제대로 배운 적이 없고 그것이 어떤 모습인지 본 적이 없다. 나는 언제나 다른 사람을 먼저 보살펴야 한다고 배웠다.

야망

나는 야망이 있다. 학교 성적이 언제나 우수했다. 나는 그것을 통해 내게 필요한 인정을 충분히 받았다고 생각한다. 덕분에 나는 자제력을 키웠고 우수한 실력이 보상을 받는다는 것을 배웠다.

충성

나는 충성심을 중시하는데, 충성심 없는 모습이 어떤지를 종종 경험하기 때문이다.

공정

나에게 공정은 매우 중요하다. 나는 언제나 다른 형제 자매들과 차별받았다고 느꼈기 때문이다. 나는 다른 사람들이 나처럼 차별받는 일이 없도록 항상 공정하게 대하기로 결심했다.

어린 시절에 아침마다 항상 30분씩 목욕하던 의뢰인이 있었다. "나는 목욕만 하고 샤워는 하지 않는다"라고 자신을 소개했다. 그는 여전히 매일 아침에 목욕한다. 물이 비처럼 피부를 때리는 샤워를 싫어한다. 목욕할 때 둥둥 뜨는 가벼움에서 이완을 느낀다. 몸을 감싸는 따뜻한 물에 편안히 떠 있는 기분을 통해 스트레스를 없앨 수 있다. 그러나 아침에 목욕하지 못하면 일상 생활이 어려워진다. 아침 목욕이 스트레스 해소를 위한 습관성 활동임을 의식한 후로, 그는 이런 해방감을 주는 다른 방안이 있을지 곰곰이 생각하기 시작했다. 그는 며칠간 아침 목욕을 생략하는 목표를 세웠다. 그것은 어색하고 이상했지만 고통스럽지는 않았다. 그는 자부심을 느꼈다. 그럼에도 그는 계속 아침 목욕을 하기로 결정했다. 이것은 괜찮은 결정이다. 이제 아침 목욕은 강박이 아니라 의식적 결정으로 인한 행동이기 때문이다.

습관을 버리면 스트레스와 두려움이 생긴다. 익숙함에서 벗어나는 일은 스트레스와 두려움을 준다. 여기서 우리는 다시 기본 관념을 만난다.

나는 무엇을 생각하는가? 나는 무엇을 믿는가? 이런 생각은 어디에서 비롯되었나? 왜 이런 습관이 생겼는지, 무엇 때문에 이런 행동을 하게 되었는지, 호불호가 언제 생겼는지 점검하는 것이 자기 자신을 더 잘 알고 기본 관념을 고치고 가치관을 다시 세우는 첫 단계다.

자기 자신을 설명하기가 어렵다면 다음의 연습이 도움이 될 것이다. 낯선 사람에게 당신을 어떻게 소개할지 곰곰이 생각해 보아라. 뜻이 맞는 사람을 찾기 위해 친구 사귀기 플랫폼에 광고를 낸다고 상상해라. 어떤 성격을 소개란에 적겠는가? 어떤 활동을 즐겨 하고 새로 사귄 친구와 어떤 활동을 하고 싶은가? 아주 솔직하게 답해라. 우리는 지금 가짜 이미지로 강렬한 첫인상을 남기기 위해 멋진 면만 보여야 하는 데이팅 플랫폼에 있는 게 아니다. 당신은 당신과 뜻이 맞는 비슷한 사람을 찾고 있다. 자, 시작하자.

나를 설명하는 성격은 무엇인가(최소한 다섯 가지를 찾아라)?

_____

_____

_____

_____

_____

_____

_____

언제부터 어떤 경험을 계기로 그런 성격을 갖게 되었는가(각각의 성격을 모두 적어라)?

_____

_____

_____

_____

_____

_____

_____

_____

무엇을 좋아하고 무엇을 좋아하지 않는가(최소한 다섯 가지를 찾아라)?

_____

_____

_____

_____

_____

_____

언제부터 어떤 경험을 계기로 그런 호불호가 생겼는가?

_____

_____

_____

_____

_____

나의 루틴과 습관은 무엇인가(스포츠, 음식, 흡연 등)?

_____

_____

_____

_____

_____

언제부터 어떤 경험을 계기로 그렇게 되었는가?

_____

_____

_____

_____

　　이 질문들을 마음에 간직하고 계속해서 사고 과정과 행동 패턴을 점검한다면 크게 도움이 될 것이다. "내가 정말 이런가? 어떻게 이런 생각을 하게 되었지? 이런 생각은 어디서 비롯되었고, 언제 어디서 왜 어떻게 생겼을까? 나는 이런 생각을 유지하고 싶은가?"

　　기록한 내용을 하나씩 점검하며, 지금도 여전히 사실인지 따져 묻고 싶은 건 무엇이고 어떤 것을 바꾸고 싶은지 깊이 생각해라. 이것이 여전히 유효한지 혹은 새롭게 바꿔도 되는지 깊이 생각해라. "나는 건포도를 싫어한다. 나는 이미 오래전부터 건포도를 먹지 않았다. 어쩌면 이 믿음이 이제 사실이 아닐지 모른다. 다음에는 건포도가 들어간 빵을 사서 이 믿음의 사실성을 검사하리라." 설령 많은 것이 여전히 사실인 것으로 판명되더라도 기록하고 재확인하는 과정에서 자기 자신을 더 잘 알게 될 것이다. 자신의 생각과 행동을 더 잘 이해하면 주변 사람들에게도 더 잘 이해시킬 수 있다. 자기 자신과 주변 사람을 위해서도 자기 자신을 아는 것은 중요하다. 당신이 명료하게 가치관, 관점, 견해를 설명할 수 있으면 주변 사람들이 당신을 대하기가 훨씬 쉬워지기 때문이다.

기록한 내용이 사실인지 확인하기 위해 어떤 새로운 경험을 할 것인가?

_____

_____

_____

_____

어떤 선입견에 사로잡혀 있는가?

깊이 박힌 사고 습관은 즉각적인 반응을 일으키며 의식할 수 없을 정도로 이미 자동화된 상태일 수 있다. 생각, 상상, 기대가 행동을 좌우한다. 이런 것들이 비현실적인 부정적 감정을 유발할 때 우리는 그것을 비합리적 평가 혹은 인지 왜곡이라 부른다. 부정적 사고는 현실 인식을 왜곡하고 부정적 자아상을 키우고 두려움과 스트레스를 유발한다.

인지 왜곡은 형편없는 결정을 내리게 한다.

인지 왜곡은 자동화된 사고, 부정적 평가, 채울 수 없는 기대, 두려움을 유발하는 상상과 관련이 있다. 두려움과 스트레스, 불만, 실패, 중독의 원인이 인지 왜곡일 경우가 많다. 인지 왜곡은 수면 장애, 위장병, 두통, 무기력증, 관절통 등 신체에도 영향을 미칠 수 있다. 신체 질병의 80%가 머리(생각)에서 비롯된다. 몸이 당신에게 외친다. "스톱!"

3장에서 인식을 다룰 때 우리는 이미 인지 왜곡을 만났다. 인식은 주관적이므로 왜곡된다. 우리는 경험과 학습된 사고 패턴을 바탕으로, 상황이 좋은지 나쁜지 혹은 어떤 의미가 담겼는지 미리 인식한다. 우리는 모든 일을 끊임없이 평가하고 비평한다. 이때 많은 것이 왜곡되고 오류투성이의 추측과 사고방식, 관점이 난무한다. 그러므로 이제 너무 성급하게 평가하지 않고 더 나은 방향으로 갈 수 있기 위해 인지 왜곡을 찾아내고자 한다.

자아와 세계를 너무 성급하게 평가하거나 보편적 가정과 선입견에 사로잡힌 자신을 발견했을 때, 다음과 같이 물어라.

- 내가 내린 상황 평가가 사실과 일치하는가?
- 이것은 정말 맞는가, 아니면 내 의견에 불과한가?
- 이 평가는 어디에서 비롯되었는가?
- 이 평가를 누군가에게서 배웠나? 이와 관련한 부정적 경험을 한 적이 있는가?
- 이런 평가가 지금도 여전히 맞는가, 아니면 새롭게 점검하고 평가해도 될까?

먼저 당신의 평가와 의견을 모아 보자. 예를 들어 다음과 같은 것들이 있으리라. "나는 시금치를 싫어한다, 나는 아버지를 미워한다, 요즘엔 믿을 사람이 아무도 없다, 스포츠는 나와 안 맞다, ○○○을 하기에 나는 너무 게으르다, 나는 노래를 못한다, 나는 사고뭉치다, 세상은 멍청이로 가득하다, 사랑은 아프다, 거미는

217

위험하다, 나는 사람들 앞에서 연설을 못한다, 나는 요리를 못한다, 아이를 키우려면 인생을 송두리째 바쳐야 한다, 일은 힘들다, 돈을 벌려면 힘들게 일해야 한다, 대학을 졸업해야 좋은 직장을 구할 수 있다, 인생은 힘들고 불공정하다, 언제나 내게만 불운이 닥친다."

주로 다음과 같은 문장 구조로 자신의 평가를 찾아 보아라. "나는 ○○○을 못한다. 나는 ○○○을 싫어한다. 나는 ○○○한 사람이다(최소한 열두 가지를 적어라)."

_____

_____

_____

_____

_____

_____

_____

_____

_____

_____

_____

_____

_____

인생을 바꾸는 질문들

당신의 평가가 지금도 여전히 당신의 삶에 맞는지, 과거나 주변 사람의 의견이 반영된 평가인지 알아내는 것이 이 연습의 목표다. 평가와 사고 습관을 차근차근 모아 조용히 숙고하고, 성찰하고, 실생활과 연결하여 점검해야 한다. 자신의 각인된 태도를 새롭게 경험한 후에야 비로소 자기 자신을 새롭게 평가할 수 있다. 이 연습이 설령 힘들더라도 그냥 넘어가지 말고 모든 질문에 성실히 답하려 애써라. 시간을 내라. 당신을 위해 해라.

찾아낸 평가와 의견 중에서 세 개를 선정하여 시험대에 올리고, 그것을 찬찬히 점검하여 새롭게 평가하기 바란다. 나중에라도 어떤 평가가 다시 떠올라 당신을 괴롭히거나 제한하면 다음의 질문들에 답해 보기 바란다.

평가 1

_____

내가 내린 상황 평가가 사실과 일치하는가?

_____

_____

이것은 정말 맞는가, 아니면 내 생각에 불과한가?

_____

_____

_____

이 평가는 어디에서 비롯되었는가? 누군가에게서 배웠나? 이와 관련한 부정적 경험을 한 적이 있는가?

_____

_____

_____

이런 평가가 지금도 여전히 맞는가? 새롭게 점검하고 평가해도 될까?

_____

_____

_____

평가 2

_____

내가 내린 상황 평가가 사실과 일치하는가?

_____

_____

이것은 정말 맞는가, 아니면 내 생각에 불과한가?

_____

_____

평가는 어디에서 비롯되었는가? 누군가에게서 배웠나? 이와 관련한 부정적 경험을 한 적이 있는가?

_____

_____

_____

_____

_____

_____

이런 평가가 지금도 여전히 맞는가? 새롭게 점검하고 평가해도 될까?

_____

_____

_____

_____

평가 3

_____

내가 내린 상황 평가가 사실과 일치하는가?

_____

_____

221

이것은 정말 맞는가, 아니면 내 생각에 불과한가?

_____

_____

_____

평가는 어디에서 비롯되었는가? 누군가에게서 배웠나? 이와 관련한 부정적 경험을 한 적이 있는가?

_____

_____

_____

_____

이런 평가가 지금도 여전히 맞는가? 새롭게 점검하고 평가해도 될까?

_____

_____

_____

　　건강하고 긍정적인 사고는 사실을 기반으로 한다. 그것이 건강하고 긍정적인 사고의 주요 특징이다.

잘못된 평가에 관한 앞의 질문에 답한 뒤 어떤 결론을 내렸는가? 자신에 대해 무엇을 배웠나? 어디에 연관성이 있었나? 무엇을 깨달을 수 있었는가?

_____

_____

_____

_____

_____

_____

_____

_____

_____

빠트리지 말고 모든 질문에 답해야 한다. 완전한 소통으로 자기 자신을 만나려면 완결된 문장으로 답하려 애써야 한다. 자기 생각과 감정을 명확히 표현할 수 있을 때 자신에 대한 명확성도 얻게 된다. 또한 자신뿐 아니라 다른 사람과도 긍정적 관계를 맺게 된다. 자기 마음을 명료하게 표현할 수 있어야 자기가 무엇을 원하는지 알게 되고 그것을 주변 사람에게도 알릴 수 있기 때문이다. 이 연습을 통해 자신의 욕구를 더 명료히 알게 되면 행복한 삶으로 가는 여정이 순탄해질 것이다.

현재 상태를 먼저 파악해라

항공권을 예매할 때 가장 먼저 받는 질문이 도착지(목표)고 그다음이 출발지(현재 상태)다. 모든 관계와 취미, 활동에는 출발점이 있다. 그리고 매일 시작점이 있다. 많이 배우고 흥미진진할 우리의 여정은 여기서 시작된다. 사람들은 대개 자신의 출발점을 되돌아보지 않고, 지금까지 이룩한 결과만을 자랑스럽게 보는 경향이 있다.

우리는 특정 상태에 이미 익숙해져서 상황을 새롭게 점검하고 평가하기를 그만두었다. 이제 새로운 출발점을 정하고 그곳에서 인생 여정을 계획해야 한다. 그래야 더 빨리 목표에 도달할 수 있다.

출발점을 정할 때는 현재 상태를 잘 분석해야 한다. 당신이 현재 어디에 있고 어디에서 출발하며 어떤 외적 영향을 받는지 명확히 알게 해 주는 질문들이 있다. 이 질문들을 정기적으로 자주 하면 더 많은 평안과 만족을 얻고 자신과 점점 더 많이 조화를 이루게 될 것이다.

내면 분석하기

기분은 어떤가?

_____

_____

나만의 리듬을 고려하는가?

_____

내가 지금 무엇을 원하는지 아는가? 무엇이 필요한가?

_____

_____

_____

이 기분을 밖으로 표현하는가?

_____

_____

내 몸은 내게 어떤 메시지를 주는가?

_____

_____

외면 분석하기

현재 개인적으로 힘든 일은 무엇인가?

_____

현재 직장에서 힘든 일은 무엇인가?

_____

_____

나 스스로 나를 힘들게 하는가? 나의 목표와 요구는 현실적인가?

_____

_____

사회적 관계에 소홀한가?

_____

_____

일과 삶의 균형을 유지하는가?

_____

_____

오늘 나를 위해 어떤 좋은 일을 했는가? 어제는 무엇을 했고, 그제는 무엇을 했는가?

_____

_____

_____

_____

인생을 바꾸는 질문들

스트레스 해소를 위해 술, 담배, 섹스 혹은 그 비슷한 일을 남용하는가?

_____

_____

지금 무엇을 바꾸고 싶은가?

_____

_____

_____

당신에게는 매일 당신의 하루와 기분에 영향을 미칠 권한이 있다. 헤엄칠지 가라앉을지는 당신의 결정에 달렸다. 화를 낼지 말지도 당신이 결정한다. 낙관할지 자신을 믿을지 혹은 희망을 버릴지는 당신 손에 달렸다.

강점과 약점을 파악해라

당신은 10,000:1의 경쟁을 뚫고 1등을 했던 적이 있다. 그 사실을 알고 있었는가? 해낼 것이라 믿고 단행한 결과 우승을 차지했다. 당신의 의지, 추진력, 신체적 역량이 가장 우수했다. 이 어마어마한 경쟁에서 1등을 했다. 그 결과 세상에 태어났다. 당신이 가장 빨랐다. 힘과 에너지와 의지가 가장 강했다. 함께 출발한 그 어

227

느 정자도 당신만큼 우수하지 못했다. 1등 상으로 당신은 생명을 받았다. 이것을 기억하는 것만으로도 강한 자부심이 생긴다. 그러나 우리는 너무 많은 것을 당연하게 여긴다. 자기 능력과 재능을 인정하지 않고, 높이 평가하지 않거나 잘못 인식한다.

우리는 현실을 주관적으로 인식하고 온전히 반영하지도 않는다. 위기 상황에서 싸워야 할지 도주해야 할지 혹은 도움을 요청해야 할지 알려면 우선 우리가 무엇을 할 수 있는지부터 알아야 한다.

그러나 자신을 믿지 못하고 자기 능력과 재능을 낮춰 보면 그것은 자기실현적 효과를 낸다. 위기 상황에 대처할 능력이 없다고 믿으면 당연히 위기 상황에 대처할 수 없다. 도주를 선택하면 대처할 시도조차 하지 않았음에도 자신의 무능력을 재확인하게 된다. 그러나 할 수 있다고 믿으면 시도할 것이고, 그러면 자기 능력을 확인하거나 능력을 키우는 법을 배울 수 있다. 자기 능력을 믿느냐 믿지 못하느냐는 과거의 경험에 달렸다.

적극적으로 참여하고 정기적으로 성공을 거뒀던 사람은 그 경험으로 점점 더 자신감이 강해진다. 직장에서도 마찬가지다. 어떤 업무든 자주 연습하고 훈련하고 반복하고 몰두할수록 점점 더 나아진다. 능력을 발휘하고 긍정적 피드백을 많이 받을수록 나는 할 수 있다는 자신감이 더 많이 생긴다. 사람들을 자주 도울수록 친절한 사람으로 인정받고 사랑받는다. 그래서 자신을 친절한 사람이라고 믿게 되고 더 많은 사람을 돕게 된다. 그러면 사람들은 더 많이 당신을 인정하고 사랑한다. 또 다시 당신은 더 많은 사람을 돕는다. 애석하게도 이런 순환은 부정적 경험에서도 똑같이 작동한다.

오늘날 대인 공포증을 보이는 사람이 많다. 비판이 두렵고 새로운 사람을 만나는 것이 겁나고 실력을 증명해야 하는 상황이 무섭고 새로운 사람에게 다가가기 힘들다. 두려움은 상황에 대처할 수 있다는 자신감이 부족하여 생긴다. 이것은 자기 자신을 너무 자주 형편없는 사람으로 평가한다는 뜻이기도 하다. 두려운 상황을 회피하고 그것이 반복되면 스스로 매번 무능을 확인하는 셈이다. 이 상황을 감당할 수 없는 자신이 너무 나약하고 무능하다고 학습하게 되고 두려움은 더 강해진다. 그러므로 정기적으로 두려운 상황을 접해 보고, 강점을 이용하고 약점에 주의를 기울이며 새로운 것을 배울 수 있어야 한다.

당신이 정확히 무엇을 두려워하고, 거기서 무엇을 배울 수 있고, 어떤 성격과 강점이 도움이 되며, 약점을 어떻게 다룰지 정기적으로 성찰하면 놀라운 깨달음을 얻을 것이다.

두려움은 자주 맞닥뜨리고 뚫고 지나가는 경험이 축적될수록 점차 사라진다. 그러므로 스스로 자주 두려움에 노출되어야 한다. 두려움은 감정일 뿐 생명을 위협하지 않는다. 위협을 느끼는 것은 지극히 일반적인 감정이다. 두려움은 특정 수준에 이르면 갑자기 사라진다. 모든 증상과 공포감이 갑자기 사라진다. 무대 공포증이든 매력적인 사람과의 첫 데이트든 모두 똑같다. 상황에 맞닥뜨리기 전까지 긴장하고 거의 먹지 못하고 심장이 터질 것처럼 뛰고 손에 땀에 난다. 그러나 막상 무대에서 혹은 데이트에서 말을 시작하면 두려움은 마술처럼 사라진다. 경청하고 대답해야 하므로 두려울 겨를이 없다. 프레젠테이션도 마찬가지다. 시작하기 전에는 떨리고 긴장되고 두렵지만, 일단 시작되면 너무 바빠서 두려움을 느낄 겨를이 없다.

기쁨, 슬픔, 환각 같은 다른 모든 감정과 마찬가지로 두려움 역시 왔다가 다시 물러난다. 우리는 기쁨이 오래 머물지 않음을 안다. 그런데 왜 두려움은 오래 머물 거라 믿는가?

두려움은 두 가지 평가를 바탕으로 발생한다. 하나는 어떤 상황을 위협으로 평가하는 것이고 다른 하나는 이 상황을 처리할 능력이 자신에게 없다고 평가하는 것이다. 자신감은 자기 능력을 믿을 때 생긴다. 어떤 분야에서 좋은 경험을 자주 할수록 그 분야에 대한 자신감이 생기는 동시에 자신을 믿게 된다. 자신의 승리를 확신하게 된다.

"나는 할 수 있다." 당신은 그것을 믿고(생각), 그다음 그것을 느낀다(감정). "나는 강하고, 이 과제를 통해 성장할 수 있다." 당신은 실제로 이 과제를 잘 마칠 것이다(행동). 외부로 드러나는 모든 행동과 마찬가지로 자신감도 순환한다(자신감을 느끼고, 자신 있게 행동하고, 다시 자신감을 느낀다).

당신이 이성에게 좋은 인상을 주는 경험을 했다고 가정해 보자. 당신은 분명 이성을 매혹하는 능력이 있다고 생각할 것이다. 그리고 자신감이 생긴 당신은 대화를 잘 이끌고 스스로 매력적이라 느낄 뿐 아니라 실제로 그렇게 행동하게 된다. 당신은 매력적인 행동으로 이성과 유쾌한 저녁을 보내고 좋은 관계로 발전할 기회를 얻고 성공적인 결과를 낼 것이다.

그러나 스스로 이성에게 인기가 없고 말주변도 없고 외모도 매력적이지 못하고 낯을 가리고 유머 감각도 없다고 생각하면 상대방도 당신을 그런 사람으로 생각할 것이다. 몸이 생각을 반영하기 때문에 이것을 감출 수 없다. 표정과 몸짓이 당신의 생각을 폭로할 것이다.

다시 강조하건대 행동과 성공의 책임은 생각에 있다. 자주 경험해 보지 못한 낯선 일이나 나쁜 결과를 냈던 모든 일에 당신은 주저할 것이고 겁먹은 사람처럼 행동하고 그에 맞는 결과를 맞을 것이다. 하룻밤 사이에 모든 영역에서 자신감이 생길 수는 없다. 자신감도 시간이 필요하다. 나이가 들수록 침착성이 많아지고 자의식이 높아진다. 당신도 분명 그것을 이미 알고 있을 것이다. 경험 덕분이다. 모든 경험이 가르침을 주고 이후의 삶에 계속 영향을 주기 때문이다. 긍정적이든 부정적이든 모든 경험에서 우리는 배운다. 그래서 연륜이 있는 사람들은 알고 있다. 가장 빈번히 상상되는 부정적 결과는 실제로 생기지 않을 것이고, 가장 흔한 근심이 사실은 아무 근거가 없는 기우고, 100% 나쁜 일이란 존재하지 않으며, 지금까지 인간은 모든 것을 극복하고 이겨 내고 생존했음을.

지금 당신이 두려워하는 특정 과제나 상황이 있는가? 회피나 도주로는 상황이 더 나아지지 않는다. 그것에 직면해야 한다. 그러면 당신이 상상하는 두려운 결과가 사실은 오류투성이에 과장이었음을 알게 되리라. 여러 새로운 경험을 많이 하여 긍정적 경험치를 충분히 쌓고, 두려움이 사라질 때까지 계속 직면해라. 자신감을 키우고 싶다면 당신이 두려워하는 도전적 상황에 자주 직면해라. 그러면 언젠가는 이렇게 말할 수 있을 것이다. "내가 너무 나쁘게만 상상했어. 상상한 것만큼 그렇게 나쁘진 않았고, 나는 이제 두려움을 완전히 극복했어."

모든 일을 잘할 수는 없다. 우리는 명령어에 따라 기능하는 기계가 아니라 사람이다. 사람은 완벽하지 않다. 실수와 오점이 있어야 인간다워 보인다. 우리는 어떤 재능을 선천적으로 갖고 태어나지만, 어떤 일은 아무리 애를 써도 잘되지 않는다. 그러므로 자기 자신을 아주 잘 아는 것이 매우 중요하다. 자신을 잘 알수록 자기 자신과 잘 소통하고 힘들지 않게 살아갈 수 있다. 자, 이제 다음의 질문으로 당신에 대해 알아보자.

나는 무엇으로 자주 칭찬을 듣는가?

_____

_____

_____

_____

_____

나를 설명하는 세 단어는 무엇인가?

_____

친구들은 어떤 세 단어로 나를 설명할까?

_____

직장 동료는 어떤 세 단어로 나를 설명할까?

_____

내 애인이나 배우자는 어떤 세 단어로 나를 설명할까?

_____

나의 최대 강점은 무엇인가?

_____

_____

_____

_____

_____

어떤 일을 즉시 해야 하는가?

_____

_____

_____

어디에서 이 강점을 성공적으로 발휘할 수 있을까?

_____

_____

_____

현재 나는 이 강점을 어디에서 발휘하나?

_____

_____

_____

233

장래에 이 강점을 어디에서 발휘할 수 있을까?

_____

_____

어떻게 하면 강점을 더 발전시킬 수 있을까?

_____

_____

어디에서 자주 실수를 하고 비난을 받았는가?

_____

_____

_____

나의 약점은 무엇인가?

_____

_____

_____

왜 나의 약점은 내게 도움이 안 될까?

_____

_____

인생을 바꾸는 질문들

약점을 보완해 줄 사람이 주변에 있는가? 누구인가?

_____

_____

     인생에서 가장 큰 배움은 완벽하지 않아도 된다는 것이다. 모든 일을 완벽하게 잘하기는 불가능하다. 약점을 강점으로 만들어 줄 사람을 찾아내기만 하면 된다. 이것을 깨닫는 순간 압박이 사라진다. 맞춤법과 수사법에 서투른가? 그것을 잘하는 사람을 찾아 도움을 받으면 된다. 보안에 관해 잘 모르는가? 조언을 구할 보안 전문가가 있다. 자동차, 기계, 컴퓨터에 대해 아는 것이 거의 없는가? 그것을 사랑하는 사람들이 있을 테고 그들은 당신의 도움 요청에 기뻐할 것이다. 자신의 지식을 당신에게 자랑스럽게 보여 줄 기회를 얻었으니 얼마나 기쁘겠는가! 감정 표현에 서툰가? 그것을 잘하는 사람을 찾아 자주 대화해라. 자제력이 약한 것 같은가? 자제력이 강한 모범을 찾아 관찰하고 배워라. 청소가 가장 큰 스트레스 요인이라면 청소 도우미를 찾아라. 당신이 모든 걸 할 수 있어야 하는 건 아니다. 당신이 할 수 없는 것을 할 수 있는 사람을 찾아내기만 하면 된다.

     인간은 자신의 강점을 발휘할 때 가장 빛난다. 당신이 도움을 요청하면 도움을 받는 당신뿐 아니라 도움을 주는 사람도 기쁘다. 당신의 요청으로 그 사람은 자동으로 찬사를 받고 능력을 인정받는 셈이기 때문이다. 사람들은 자신의 지식과 재능을 드러낼 기회를 간절히 기다리고 있다.

     그러니 당신이 잘하지 못하는 분야 혹은 스트레스를 주는 분야를 즐겁게 잘

해내는 사람을 주변에서 확보해 둬라. 설비 기사, 자동차 정비사, 법률가, 심리 상담사, PT 강사, 조용한 경청자, 낮에 택배를 대신 받아 줄 사람…. 당신이 도움을 청하면 모두가 기꺼이 말과 행동으로 도울 것이다. 조언을 따르고 도움에 감사하고 도와준 사람을 높이 평가해라. 그러면 그대로 돌려받을 것이다. 당신의 어깨에 놓인 짐이 여러 어깨로 나뉘어, 삶이 갑자기 아주 가벼워질 것이다.

나쁜 일에서 긍정을 발견해라

모든 상황과 성격에는 양면이 있다. 긍정적 측면과 부정적 측면. 어떤 측면을 보고자 하는지는 오직 당신 결정에 달렸다. 긍정적 측면이 명확히 드러나지는 않지만 그런데도 찾아낼 수 있는 몇 가지 사례를 들고자 한다.

게으름: 과도한 성취욕을 누그러뜨리는 능력

이기주의: 자신과 자신의 욕구에 주의를 기울이는 능력

순진함: 언제나 좋은 점을 찾고 세상이 선하다고 믿는 능력

지각: 시계에 자신을 맞추지 않고 삶을 사는 능력

화: 자제력, 이웃 사랑, 자기애를 연습할 기회

타이어 펑크: 깊이 심호흡하고 숙고할 기회, 당연하게 여겼던 것들에 감사할 기회

질투: 한 사람에 대한 애정이 얼마나 강하고 이것이 당신의 삶에 얼마나 소중한지를 보여주는 증거

실수: 더 나아지고 새로운 것을 배우는 **훌륭한 연습**

거절: 문제 요소 하나가 제거됨

긍정을 찾는 사람이 그것을 발견한다. 이것은 신이 준 재능이 아니라 훈련하고 학습할 수 있는 재능이다. 이런 재능이 완충재 구실을 하여 충격을 줄일 수 있다.

긍정적 표현으로 바꿀 수 있는 나의 성격은 무엇인가?

_____

_____

_____

_____

_____

_____

긍정적 표현으로 바꿀 수 있는 도전 상황은 무엇인가?

_____

_____

_____

_____

_____

_____

되고 싶은 사람처럼 연기해라

상사의 질타에 위축되고, 아이 울음소리에 화가 치밀고, 보일러 고장으로 찬물로 샤워하며 짜증을 내고, 버스를 아슬아슬하게 놓쳐 욕이 절로 나올 수 있다. 그런데도 머리로는 반짝이는 긴 모래사장에 앉아 따뜻한 바닷물에 발을 담그고 빨대로 코코넛 워터를 빨아 먹을 수 있다.

상사에게 질타를 들으면 위축될 수밖에 없을까? 아이 울음소리에 화가 치미는 게 당연할까? 보일러가 고장 나고 버스를 놓치면 짜증을 내고 욕할 수밖에 없을까? 이런 자극에는 이렇게 반응할 수밖에 없다고 누가 말하는가? 기분이 나빠질 수밖에 없다고 누가 말하는가? 당신이 자신감을 가질 수 없다고 누가 말하는가? 왜 당신은 인내심을 잃고 흥분할 수밖에 없단 말인가? 왜 당신은 건강하고 운동을 즐기고 의욕이 넘치고 자제력을 발휘할 수 없단 말인가? 당신이라고 성공하지 못할 이유가 뭐란 말인가? 당신이 평정심을 유지하지 못한다고 누가 말하는가? 당신이 바라는 대로 모든 상황에서 기분이 좋을 순 없다고 누가 말하는가?

이 연습은 배우의 연기와 비슷하다. 배우들은 늘 새로운 배역을 맡아 다른 경험을 하고, 다르게 반응하고, 다른 가치관으로 살고, 완전히 다른 장소에 살며, 다른 영향을 받는 연기를 한다. 배우와 다른 점이 있다면 당신은 원하는 배역을 선택할 수 있다는 것이다. 당신이 좋아하고 편안함을 느끼는 배역을 고를 수 있다.

자신감이 필요하면 자신감이 넘치는 주인공 역할을 선택하면 된다. 〈심슨 가족The Simpsons〉의 호머 심슨 혹은 시트콤 〈맬컴네 좀 말려 줘Malcolm in the Middle〉의 리즈처럼 느긋해지고 싶은가? 개방적이고 소통을 잘하고 쾌활한 사람이면 좋겠는

인생을 바꾸는 질문들

가? 당신은 그런 사람이 될 수 있다. 그런 사람이 된 것처럼 연기하면 된다. 거미나 엘리베이터가 무서운가? 그렇다면 거미나 엘리베이터 역을 맡았다고 상상해라.

어떤 상황이 나를 힘들게 하는가?

_____

_____

_____

_____

이 상황에서 나는 어떤 성격을 갖고 싶은가?

_____

_____

주변 사람, 영화나 드라마의 주인공, 유명인 중에서 누가 이런 성격을 가졌고 이 상황에 훌륭하게 대처할까?

_____

_____

그 사람을 연기해라. 그 사람은 어떻게 행동할까? 무슨 생각을 할까? 무슨 말을 할까? 몸짓 언어는 어떤 것일까?

_____

6 ✦ 나는 누구인가?

＿＿＿＿＿＿＿＿＿＿＿＿＿＿＿＿＿＿＿＿＿＿＿＿＿

＿＿＿＿＿＿＿＿＿＿＿＿＿＿＿＿＿＿＿＿＿＿＿＿＿

＿＿＿＿＿＿＿＿＿＿＿＿＿＿＿＿＿＿＿＿＿＿＿＿＿

당신이 두려워하거나 스트레스를 받는 대상을 연기해라. 그는 무슨 생각을 하고 무슨 말을 할까?

＿＿＿＿＿＿＿＿＿＿＿＿＿＿＿＿＿＿＿＿＿＿＿＿＿

＿＿＿＿＿＿＿＿＿＿＿＿＿＿＿＿＿＿＿＿＿＿＿＿＿

＿＿＿＿＿＿＿＿＿＿＿＿＿＿＿＿＿＿＿＿＿＿＿＿＿

＿＿＿＿＿＿＿＿＿＿＿＿＿＿＿＿＿＿＿＿＿＿＿＿＿

자기 행동에 적응하기보다 다른 사람의 행동을 흉내 내기가 종종 훨씬 쉽게 느껴진다. 이 연습은 재미있을 뿐 아니라 다양한 반응 방식과 상황 판단법을 보여 준다. 당신은 상황을 객관적으로 관찰하고 다른 사람의 성격을 습득할 뿐 아니라 실수와 도전을 더 잘 다루게 될 것이다.

시간을 관리해라

관리란 계획하고 실행하고 이끄는 것이다. 다양한 맥락에서 관리가 필요하지만

인생을 바꾸는 질문들

무엇보다 시간, 돈, 노동에서 가장 빈번하게 관리가 필요하다. 가장 중요한 요소는 시간이다. 시간은 구매할 수 없고 대체재도 없으며 아무도 당신에게서 빼앗지 못한다(물론 당신의 시간을 빼앗도록 의식적으로 동의하고 허락할 경우를 제외하고). 시간은 돈을 준다. 시간이 없으면 노동도 돈도 없다. 시간을 투자하여 여유와 기쁨을 얻을 수 있지만, 그 시간에 일하고 돈을 벌 수도 있다. 이렇듯 시간은 돈과 노동에 영향을 미치므로 셋 중에서 시간이 가장 중요한 요소다. 그러므로 자기 관리 주제에서도 시간에 초점을 둔다.

인생 시계 그리기

시간은 주로 둥근 시계로 표현된다. 둥근 것은 원이다. 원은 끝이 없다. 그래서 시간이 끝없이 제공될 거라는 착각을 불러일으킨다. 시간을 직선으로 보면 우리는 시간을 조금 다르게 인식하고 일을 착수하거나 거절할 것이다. 시간을 더는 허비하지 않고, 순간을 더 가치 있게 인식할 것이다. 또한 직선 시계는 우리의 성장을 보여 준다. 직선 시계는 당신이 학창 시절에 얼마나 크게 발전했는지 보여 준다. 매년 당신이 얼마나 달라졌는지 보여 준다. 체중을 줄이고자 한다면 원이 아니라 직선 시계를 이용해야 한다. 관리 그래프를 그릴 때도 시간, 돈, 성장, 생산 같은 중요한 요소들을 X축과 Y축의 좌표에 표시해야 한다. 원은 변화나 발달에 관해 아무런 정보도 주지 않기 때문이다.

6 + 나는 누구인가?

자기 자신을 관리하는 매니저로서 현재 어떤 일에 가장 많은 시간을 쓰는가?

_____

_____

_____

_____

가장 중요한 주간 활동을 기간과 빈도에 따라 더 크게 혹은 더 작게 원그래프로 그려라.

당신의 '목표 파이'로 돌아가라(42쪽). 현재의 시간 배분이 소망과 목표를 이루는 데 효과
적인가? 아니면 시간 배분을 바꾸고 싶은가? 그렇다면 어떻게 바꾸겠는가?

_____

_____

_____

_____

_____

이제 출생부터 지금까지의 인생을 직선으로 그려라. 반드시 곧게 뻗은 선일 필요는 없다. 당신의 인생처럼 들쭉날쭉해도 괜찮다. 가장 중요한 경험과 단계들을 시각적으로 보여 주는 적절한 그림을 곁들이면 더욱 좋다. 30분만 시간을 내라.

출생

현재

이제 인생 직선을 연장해 보자. 출발점인 '현재'에 현재 연도를 적고 끝점에는 당신 인생의 마지막 날인 죽음을 적는다. 이 인생 직선에 당신이 앞으로 바라는 가장 중요한 경험, 소망, 목표를 적어 넣어라.

현재

추도사 작성

무엇이 당신의 삶을 의미 있게 만들고, 무엇을 더 이루고 노력하고 성취해야 할지 알고 싶은가? 당신이 어떤 사람이 되고 싶고 무엇에 가치를 두는지, 무엇이 당신에게 에너지와 의욕을 주는지 알아내고 싶은가? 당신을 위한 추도사를 적어 보라. 대답을 얻는 데 도움이 될 것이다.

나는 내 삶을 살았는가? 나는 사랑했는가? 나는 중요한 사람이었나?

사람들이 당신을 어떻게 평가하면 좋겠는가? 당신은 무엇에 자부심을 느꼈고, 세상은 당신에 관해 무엇을 알아야 할까? 연인은 당신을 어떻게 인식할까? 당신의 가족은? 친구들과 동료들은 당신에 관해 무엇을 말할까? 20분 정도 시간을 내서 기록해라. 세상에 무엇을 남기고 싶고, 어떤 사람으로 기억되고 싶은가?

당신의 장례식에서 읽을 추도사를 작성해라.

_____

_____

_____

_____

_____

_____

인생을 바꾸는 질문들

왕의 이야기

아주 먼 나라의 늙은 왕이 개인 비서로 쓸 신하를 찾고 있었다. 수많은 사람이 지원했고, 왕은 지원자들을 시험하기 위해 매우 어려운 과제를 냈다. "가장 아름다운 신체 부위 두 개를 내게 가져오라!" 몇몇 사람이 아름다운 여인의 눈이나 길고 윤기가 흐르는 머리카락, 아름다운 코를 가져왔다. 한 지원자가 혀와 심장을 가져왔다.

"너는 어째서 이 둘을 내게 가져왔느냐?" 왕이 기대에 차서 물었다.

"폐하, 심장이 사랑의 원천이고 좋은 감정을 느낀다면 세상에서 가장 아름다운 신체 부위가 아니겠습니까? 혀가 좋은 말을 하고 심장이 느끼는 사랑을 표현하고 전달한다면 더 많은 사랑이 자랄 것입니다. 그러므로 혀 또한 가장 아름다운 신체 부위입니다."

왕은 감탄했고, 첫 과제의 해답이 맘에 들었다. 그럼에도 왕은 아직 확신이 들지 않아 두 번째 과제를 냈다. "좋다. 이제 가장 흉한 신체 부위 두 개를 내게 가져오라!"

여러 밤이 지나서야 비로소 그가 돌아왔다. 그의 머리카락은 마구 헝클어져 있었고 숨을 가쁘게 쉬었다. 그는 기진맥진하여 왕 앞에 무릎을 꿇었다. "폐하, 너무 오래 걸려 황공하옵니다. 여기, 가장 흉한 신체 부위 두 개를 가져왔습니다!" 남자는 가방에서 혀와 심장을 꺼내 왕 앞에 놓았다.

"이것들은 이전 것과 같은 부위가 아닌가!" 왕이 화를 내며 소리쳤다.

"폐하, 혀를 가져온 이유는 이것이 불화를 조장하고 다른 사람에게 열등감과 불쾌감을 주기 때문입니다. 혀는 백성의 희망과 믿음을 파괴할 수 있습니다. 심장을 가져온 이유는, 조각난 심장이 세상에서 가장 아프기 때문입니다. 심장은 살인자를 만들 수 있고 악의를 퍼트립니다. 그러므로 이 둘이 가장 흉한 신체 부위입니다."

왕은 끄덕였고 지친 지원자에게 새 의복을 내주었다. "받아라! 깨끗이 씻고 옷을 갖춰 입고 배불리 먹어라. 너는 오늘부터 나의 신하다."

인생을 바꾸는 질문들

7

어떻게 역경에
대처할 수 있을까?

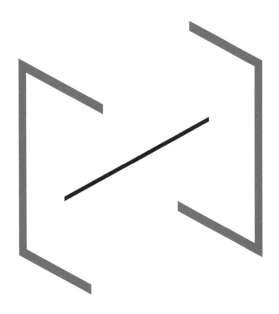

실패하거나 창피를 당하는 일은 인간이 갖는 기본적 두려움이다. 석기 시대에는 무리에 속하는 것이 중요했다. 그래야 삶이 더 쉽고 안전했기 때문이다. 같이 사냥하고 채집하고 교대로 불을 지피고 동굴을 지켰다. 혼자면 생존 확률이 떨어졌다. 이때부터 실패와 실수를 비난했는데 그것은 곧 잡아먹히는 것, 굶주리는 것, 벼랑으로 떨어지는 것, 생명을 위협할 수 있는 여타 고난을 의미했기 때문이다. 오늘날에도 여전히 무리에 끼지 못하거나 실패하는 일을 나쁘게 여기는데 석기 시대에 머물러 있는 우리의 뇌가 거부, 실수, 비판을 여전히 위협으로 여기기 때문이다.

석기 시대에 실수를 피하려 한 것은 생존을 위해서였고, 오늘날 실수를 나쁜 것으로 분류하고 반사적으로 실수의 부정적 결과를 상상하는 것은 실적 사회에 만연한 완벽주의 때문이다. 실적 사회에서 실패는 재빨리 저지되어야 한다. 뭔가가 잘못 진행되면 즉시 그 원인을 찾아내야 한다. 담당자는 실수를 책임져야 하고 처벌되거나 위협을 받기도 한다. 사람들이 자신의 실수를 공개적으로 밝히는 대신 기꺼이 감추고 싶어 하는 것은 당연하다. 실패는 입에 담지 말아야 할 금기다. 그러나 실수는 삶의 일부다. 누구나 실수를 한다. 아무것도 하지 않는 사람만이 실수하지 않는다.

많은 사람이 자신의 실패와 실수를 회고하며 그것이 얼마나 중요했고 그것을 통해 얼마나 성장했는지를 말한다. 실패가 있었기에 의미 있는 새로운 삶을 살 수 있었다는 내용이 유명인의 평전이나 회고록에서 발견된다. 링컨은 대통령이 되기 전에 두 번의 파산, 여섯 번의 선거 패배, 신경 쇠약을 이겨 내야 했다. 월트 디즈니는 창의력 부족 때문에 해고되었다. 헨리 포드는 두 번의 좌절 끝에 포드 자동차 회사를 성공적으로 운영할 수 있었다. 에디슨은 머리를 쓰지 않는다는 이유로 처음 두 직장에서 해고되었다. 스티브 잡스는 자신이 설립한 회사에서 쫓겨났다. 인생의 모든 일이 실수 없이 순탄하게 진행되는 사람은 없다. 역경, 실패, 우회로가 없는 인생은 없다. 중요한 것은 그것에 어떻게 반응하느냐다.

역경은 특별한 사건이 아니다. 전진하다 후퇴하고, 다시 전진하다 다시 후퇴할 뿐이다. 역경이나 실패 없이 뭔가를 배우는 사람은 없다. 공기처럼, 하늘의 별처럼, 모닝커피처럼 실수는 삶의 일부다. 사람은 실수한다. 그것이 우리와 기계의 차이점이다. 그러므로 "어떻게 역경을 피할까?"라고 묻지 말고 "어떻게 역경에 대처할까?"라고 물어라.

아무것도 하지 않는 사람만이 실수하지 않는다.

우리는 탐험가가 되어 실수를 탐험해야 한다. 자꾸 넘어지는 이유가 궁금하고 잘 걷고 싶은 마음에 넘어져도 또 일어나며 걸음마를 배우는 어린아이처럼 호기심을 갖고 실수를 봐야 한다. 어린아이는 세상을 알고 싶고 관련성을 이해하고 싶어서 시도하고 관찰하고 배우고자 한다. 실수는 나쁘지 않다. 실수는 시도의 결과다. 실수에는 학습 효과가 있다.

아이가 탑을 쌓는다. 탑이 계속 무너진다. 쌓고 무너지기를 여덟 번 반복한

252

끝에 아이는 옷소매가 범인임을 확인하고 기뻐한다. 호기심에 모래를 맛보는 아기처럼, 호기심에 신발장을 열고 가장 잘 맞는 것을 찾기 위해 엄마의 구두를 모두 신어 보는 아이처럼 호기심 많은 탐험가가 될 때 우리는 날개를 단다. 뚜껑을 열어 봐야 발견할 수 있다. 그러니 호기심을 갖고 뚜껑을 열어 그 안에 무엇이 들었는지 들여다보아라. 당신이 무엇을 좋아하고 무엇을 싫어하는지, 무엇을 할 수 있고 무엇을 더 배울 수 있을지 알아내 보자.

고난을 스승으로 삼아라

모든 역경은 소중한 경험이자 스승과 같고, 그것은 우리를 더 강하거나 나약하게 만들 수 있다. 그러나 역경이 우리에게 무엇을 남길지, 어떤 생각이 우리 안에 퍼질지, 이 생각이 어떤 감정을 가져오고 그것을 통해 우리가 어떤 행동을 할지는 우리 자신에게 달렸다.

힘들고 아프고 화나고 부정적 감정이 생길 때마다 자신에게 물어라. "너는 내게 어떤 스승인가? 내게 무엇을 가르칠 수 있는가?"

당신을 흥분시키고 자극하고 분노를 부추기는 교통 체증은 인내심을 가르치는 스승이다. 당신에게 말할 기회를 주지 않고 짜증 나게 혼자서만 떠드는 사람은 경청을 가르치는 스승이다. 당신을 거부하는 사람은 자기애를 가르치는 스승이다. 재정적으로 힘든 상황은 절약을 가르치는 스승이다. 많은 사람 앞에서 강의하는 것이 불편하고 다리가 후들거리고 심장이 미친 듯이 뛴다면 자신감을 배울 기회다. 오늘 누군가 나를 화나게 한다면 관대함을 보일 기회를 얻은 것이다. 이런 관점으로 힘든 일과 압박에서 벗어날 수 있다. 배움의 기회를 얻었으니 말이다. 배움과 발달은 인간이 누릴 수 있는 최고의 선물이다.

최근에 만난 스승 다섯은 무엇이었나?

_____

_____

_____

_____

_____

교통 체증, 프레젠테이션, 다툼, 비판과 같은 도전적 상황에 처했을 때 곰곰이 생각해라. "이런 상황이 아니라면 나는 어떤 사람인가?"

예를 들어 교통 체증에 갇혔을 때 생각해라. 지금 소파에 있다면 나는 어떤 모습을 하고 있을까? 상상으로 곧장 '그곳으로 가서' 소파에 누운 것처럼 편해질 수 있다. 프레젠테이션 전에 평가와 비판이 두려울 때 생각해라. 익숙한 업무를 처리할 때 나는 어떤 사람인가? 평소 당신은 자신감이 넘치고 체계적이고 능숙하게 업무를 처리하고 열린 마음으로 모든 동료와 잘 지내고 관계를 맺는 데 주저함이 없다. 커피를 마시며 동료와 대화하는 상황을 상상해라. 약간의 유머와 세련된 정중함과 상냥함을 섞어 업무에 관해 의논하는 모습을 상상해라.

이런 도전적 상황이 아니라면 나는 어떤 사람인가?

_____

_____

읽기와 구구단을 처음 배울 때 어땠는지 기억하는가? 맞다, 처음에는 너무나 어려웠다. 익숙해지기까지 꽤 오랜 시간이 걸렸다. 그러나 지금은 분명 아주 쉬운 일일 터이다. 첫 요리는 분명 그다지 맛있지 않았고, 시간이 지나면서 점점 맛있어졌다. 첫 스케이팅은 여기저기 멍을 선사했고 그다음 점차 쉬워졌다. 스키를 처음 배울 때를 기억하는가? 자전거는? 처음에는 보조 바퀴가 필요했을 테고, 점차 그것을 떼어 내고 두 바퀴로 달릴 수 있었다.

안타깝게도 우리는 이런 첫 시도를 망각하고, 현재 우리보다 더 잘하는 다른 사람과 비교하며 좌절한다. 서툴렀던 시작과 지금까지의 발전을 잊는다. 그러나 학습 과정의 출발점을 돌아보면 우리가 얼마나 가파른 길을 올랐고 벌써 산 정상에 있음을 깨닫게 된다.

당신을 불행하게 하는 단 한 가지는 당신의 생각이다.

역경이나 실수에 잘 대처할 수 있도록, 그래서 그것에 마비되지 않고 그것 때문에 자신을 벌주고 질타하지 않도록 실수에 대한 우리의 생각과 견해(무의식적 평가)를 살펴보자.

뭔가를 계속 하면 그것은 개선될까 아니면 더 나빠질까?

_____

_____

내가 생각하는 성공의 토대는 무엇인가? 성공한 사람은 무엇이 달라 목표를 이뤘을까?

_____

_____

_____

_____

성공 요인은 대개 같다. 약간의 행운, 지식, 실행력, 자신에 대한 신뢰, 고유한 능력, 명확한 목표, 원인 파악, 결과에 대한 상상, 주변의 지원, 자원(시간, 노동력, 에너지, 에너지 충전을 위한 휴식)의 올바른 투입, 희망, 강한 믿음, 인내와 끈기.

비슷한 성공 요인을 발견했는가? 어떤 요인을 이미 가지고 있다고 생각하나?

_____

_____

_____

_____

어떤 요인을 개선하거나 획득하고 싶은가?

_____

_____

_____

이 요인을 개선하려면 어떻게 해야 할까?

_____

_____

_____

_____

당신은 이제 성공하기 위한 해결책을 스스로 찾았다. 장기적 성공과 만족의 핵심은 실수와 역경을 어떻게 다루느냐다. 그러니 개인적 역경을 살피고 그것을 어떻게 다룰지 전략을 세워 보자.

어떤 역경이 있을까?

_____

_____

_____

_____

이 역경을 피할 방법은 무엇일까?

_____

_____

_____

역경에 처하면 무엇을 할까? 그것에 어떻게 대처할까?

_____

_____

_____

_____

변화는 언제나 과정이다. 삶의 질이든 회사의 혁신이든 변화는 시행착오의 과정이다. 뭔가를 시도하고 결과를 확인하고 성찰하는 과정이다. 계속 유지해야 할까? 이것이 과연 통할까? 뭔가를 바꿔 봐야 할까? 인생도 마찬가지다. 시도하고 배우고 변한다.

저마다 각자의 삶에서 다른 시험을 치르고 다른 도전에 응하고 다른 경험을 한다. 몰두하거나 힘겨워하는 주제를 저마다 갖고 있다. 어떤 사람은 평생 낯가림과 싸우고, 어떤 사람은 늘 돈 걱정을 해야 하고, 또 어떤 사람은 선천성 심장병과 매일 싸운다. 어떤 사람은 계속해서 신뢰 주제에 몰두한다. 낯가림이 심한 사람은 매일 그 주제에 도전하고 배운다. 문제가 다양하듯 해결책 또한 다양하다. 어떤 사람에게 어떤 해결책이 적합한지는 사람마다 다 다르다.

저마다 다른 활동에서 휴식과 기쁨을 느낀다. 다양한 유머, 취미, 직업 등이 그것을 말해 준다. 당신은 어떤가? 다른 사람을 놀릴 때 즐거운가? 풍자와 블랙 코미디를 좋아하나? 〈사우스 파크South Park〉, 〈빅뱅 이론Big Bang Theory〉, 〈못 말리는 유모Nanny〉 같은 시트콤이 재밌는가? 웃긴 동영상을 좋아하나 아니면 다큐멘터리 영화를 좋아하는가? 고양이나 개를 쓰다듬기 좋아하는가? 다양한 식당을 골고루 가는 편인가, 아니면 맘에 드는 식당에서 늘 같은 음식을 먹는가? 직접 요리해 먹는 걸 좋아하나, 아니면 다른 사람이 해 주는 걸 좋아하는가? 화려한 벽지를 선호하는가, 아니면 무난한 무채색 벽지가 취향에 맞는가? 다이어트와 마찬가지로 휴식과 기쁨도 저마다 맞는 전략이 따로 있다. 성공을 약속하는 전략은 수천 가지나 있다.

치유 과정도 마찬가지다. 우울증, 식이 장애, 강박증, 망상 등 무엇에서 벗어나는 과정이든 상관없다. 자신의 감정과 반응에 주의를 기울이고 계속해서 성공 전략을 점검하고 포기하지 않고 시도하는 것이 중요하다. 전략과 방법은 언제든 바꿀 수 있다. 더 효과적인 방법을 열심히 찾는다면 언젠가는 발견하게 될 것이다.

실패하기를 실패해라.

모든 실수와 역경을 배움의 과정으로 여겨라. 실수하지 않았더라면 중요한 배움을 놓쳤을 것이다. 회고하고 성찰해라. 어디에서 그런 경험을 했는가? 어떤 상황에서 실수나 부정적 경험을 했는가? 거기서 무엇을 배울 수 있는가?

어떤 실수를 했고 거기서 무엇을 배웠나(최소한 일곱 가지를 적어라)?

_____

_____

_____

_____

_____

_____

_____

이때의 배움이 지금의 삶에 어떤 도움을 주는가?

_____

_____

_____

_____

미래의 삶에는 어떤 도움을 주는가?

_____

_____

_____

_____

인생을 바꾸는 질문들

무엇을 더 배우고자 하는가?

_____

_____

_____

_____

_____

그것을 배우기 위해 어떤 실수를 할 수 있을까?

_____

_____

_____

_____

_____

그것을 배우기 위해 어떤 스승을 만날 수 있을까?

_____

_____

_____

_____

_____

마지막 세 질문을 기억해 두었다가 역경을 만났을 때 자신에게 물어라. 이 세 질문을 쪽지에 적어 지갑에 넣고 다니며 수시로 상기해라. 실수할 때마다 이 질문을 하고 긍정적 사고로 돌아설 때까지 해라.

실수를 무능력이나 실패로 보지 않고 미래를 위한 배움의 기회로 본다면 더 만족스럽고 더 행복해질 것이다. 긍정적인 효과가 하나 더 있다. 자동적으로 실수를 덜 하게 될 것인데, 더 침착하고 여유롭게 행동할 것이기 때문이다. 당신은 도전 상황을 은근히 기대하고 있는 자신을 발견하게 되리라. 문제 해결에 필요한 에너지를 더 많이 가질 것이고 더 나은 결과를 낼 것이다.

부정적 경험은 즐거운 경험보다 기억에 더 깊이 남는다. 그러나 부정적 경험을 통한 배움이 긍정적 성공을 지원하게 하는 데 성공한다면 자존감과 자신감이 높아지고 인정과 자아실현 욕구가 채워진다. 그리고 이 정도면 벌써 대가의 수준에 이른 것이다.

당신이 이룩한 성공을 보아라. 그것이 평안을 준다. 당신은 무엇에 자부심을 느끼는가? 아주 잘 해낸 일은 무엇인가? 진짜 강점은 무엇인가? 어떤 칭찬을 자주 듣는가? 강점과 약점을 분석했던 6장에서 우리는 이 질문에 답했다.

실수는 변화의 전령이다. 실수는 배움을 허락한다. 실수는 당신이 발전하고 진보하고 행동한다는 증거다. 살아 있다는 증거다!

당연히 역경과 실수는 달갑지 않다. 그러나 슬픔, 분노, 두려움, 수치, 절망 같은 모든 부정적 감정은 삶의 일부다. 그러므로 그것을 느끼고 받아들이고 이용할 줄 알아야 한다. 우리는 부정적 감정에서 자기 자신에 관해 가장 많이 배울 수 있기 때문이다.

인생을 바꾸는 질문들

"나는 지금 어떤 기분이 드는가?" 어떤 기분인지 답한 뒤 다시 묻는다. "무엇이 필요한가?" 지금 도움이 되는 행동이 무엇인지 답한다. 부정적 감정은 행동하라는 신호다.

우리는 종종 한 가지 감정을 확대해석하여 일반화하는 경향이 있다. "나는 늘 혼자다. 나는 외롭다. 나는 언제나 실수를 저지른다." 독백을 주의 깊게 살펴 잘못된 평가를 찾아내야 한다. 이것이 사실과 일치하는지 자신에게 물어라. "이 생각이 사실인가? 내가 잘못 판단한 것이고, 사실은 친구가 많은 게 아닐까? 나는 정말로 외로운가? 지금 나는 무엇 때문에 외롭다고 느낄까?" 이런 감정을 계기로 친구에게 먼저 연락할 수 있다. 부정적 감정이 생기면 자신에게 물어라. "나는 어떤 기분인가? 나는 지금 무엇이 필요한가? 예전에 이런 기분이 들었을 때 나는 어떻게 반응했나? 무엇이 도움이 되었나? 나는 어떻게 반응하고 싶은가? 내가 선택할 수 있는 반응에는 어떤 것들이 있는가?"

당신이 흡연자임을 밝혔을 때 사람들이 이맛살을 찌푸리는 모습을 자주 보았나? 그때 기분이 어땠는가? 그 상황을 영화의 한 장면처럼 상상해라. 과도한 흡연 뒤에 어떤 기분이 들었는가? 이따금 목이 아프고 기침이 나고 현기증이 나고 몸이 아팠는가? 그것을 기억해라. 이런 경험과 감정을 흡연과 단단히 연결해라. 게으름을 고치고 싶은가? 그러면 게으름 때문에 겪었던 부정적 경험을 떠올려라. 얼마나 기분이 나빴나? 자기 자신에게 부끄러웠나? 게으름 때문에 겪은 나쁜 경험이 있었나? 그때의 감정을 느껴라. 부정적 감정이 클수록 그것을 바꿀 준비가 더 확실히 될 것이다. 운동을 열심히 하고 싶은가? 방법은 같다. 모든 부정적 감정은 행동해야 할 때를 알려 주는 신호다.

언제 슬픔을 느꼈나?

_____

_____

_____

최근에 어떤 상황에서 분노와 수치심을 느꼈나?

_____

_____

_____

_____

이런 상황에서 무엇이 필요한가?

_____

_____

_____

예전에 이런 감정이 들었을 때 어떻게 반응했나? 무엇이 도움이 되었나?

_____

_____

_____

_____

내가 선택할 수 있는 반응에는 어떤 것들이 있는가?

_____

_____

_____

_____

나는 어떻게 반응하고 싶은가?

_____

_____

_____

_____

_____

'나는 매년 조금씩 발전한다. 매년 조금씩 배우기 때문이다.' 내가 가장 좋아하는 동기 부여 문장이다. 우리는 매년 조금씩 발전하기 위해 과거의 경험을 이용해야 한다. 당신은 매년 당신 자신, 행복한 삶, 당신의 생각에 관해 조금씩 더 배우기 때문이다. 왜 당신은 자신에 대해 더 많이 배우게 될까? 실수하고, 역경을 경험하고, 다시 일어서고, 승리하고, 새로운 경험으로 새로운 지식을 얻기 때문이다. 그렇게 당신은 매년 조금씩 더 나아질 수밖에 없다. 더 많이 실패했고 더 많이 승리했고, 그래서 더 많이 배웠기 때문이다.

앞의 동기 부여 문장을 읽은 뒤 어떤 기분이 드나? 이 문장은 인생에서 이미 입증되었나?

_____

_____

_____

_____

미래를 두려워하지 말아라. 미래는 당신에게 일어날 수 있는 최고의 일이다. 당신은 미래에 영향을 미칠 수 있다. 과거에서 배웠고 미래를 위한 초석을 지금 다지기 때문이다. 매년 더 나쁜 결정을 내리겠는가, 아니면 더 나은 결정을 내리겠는가? 내년에 자신에 관해 더 많이 알겠는가, 아니면 더 모르겠는가? 내년에 더 잘 살려 애쓰겠는가, 아니면 더 나빠지려 애쓰겠는가? 미래가 더 좋아질 거라 믿는가, 아니면 미래라는 말만 들어도 벌써 두렵고 불안한가?

미래라는 말을 들으면 어떤 기분이 드는가?

_____

_____

어떤 생각 때문에 이런 기분이 드는가?

_____

_____

이 생각이 사실인가? 왜 사실인가? 왜 사실이 아닌가?

_____

_____

실수의 긍정적 측면은 무엇인가?

_____

_____

당신은 매년 자아, 세계, 강점, 취향, 욕구, 관계에 관해 더 많이 배운다. 이런 새로운 지식 덕분에 매년 인생을 설계하고 행복한 삶에 더 가까이 갈 수 있다.

긍정적인 말의 효과

살다 보면 역경은 언제나 있을 것이고 실수 역시 수없이 하게 될 것이다. 우리는 이것을 없앨 수 없다. 다만 잘 헤쳐 나갈 수 있는 쪽으로 관점을 바꿀 수 있을 뿐이다. 우리는 무기력에 빠지거나 깊은 슬픔에 잠기지 않도록 의식적으로 긍정적 측면을 볼 수 있다. 실수와 역경에서 오히려 감사함을 느낄 수 있다면 그것을 받아들이고 배움에 초점을 맞추기가 훨씬 쉬울 것이다.

손톱이 깨지면 손을 다치지 않은 것에 감사해라. 허리가 아프면 휠체어 신세

가 안 된 것에 감사해라. 유리잔을 떨어트려 깼다면 깨지지 않은 유리잔이 여덟 개나 남은 것에 감사해라. 미용사의 실수로 헤어스타일이 엉망이 되었다면 머리카락이 아직 남아 있는 것에 감사해라. 머리카락이 없어 헤어스타일에 분노할 수조차 없는 사람도 있다! 무릎이 아프면 아직 걸을 수 있음에 기뻐해라. 어딘가 아프면 "통증을 느끼는 걸 보니, 아직 살아 있네!" 하고 감사해라. 비를 막아 줄 지붕이 있음에 감사해라. 깨끗한 옷에 감사해라. 무한히 공급되는 물에 감사해라. 양손이 때때로 실수를 저질러 당신을 힘들게 하더라도, 건강한 양손 덕분에 일상생활이 얼마나 편한지를 기억하고 감사해라. 두 다리가 때때로 불편한 상황에 당신을 데려가더라도 건강한 두 발을 가진 것에 감사해라. 건강한 두 발이 없어서 실수조차 못 하는 사람도 있다!

돈이 없어 힘들 때도 굶지 않는 것에 감사해라. 오로지 먹고사는 문제에만 초점을 두지 말고, 설령 모든 소망을 이룰 수 없더라도 그것을 위해 애쓸 수 있는 상황에 기뻐해라. 이따금 외롭고 쓸쓸하고 당신의 선의가 악용되더라도, 당신 곁에 가족과 친구가 있는 것에 기뻐해라. 당신에게 배움의 기회를 주고 지금의 당신을 만든 모든 경험에 감사해라.

감사한 일들을 찬찬히 찾아내 목록을 만들어라. 속상할 때마다 이 목록을 꺼내 읽어라. 당신을 화나게 하고 힘들게 하고 짜증 나게 하고 두렵게 하는 바로 그 일에서 감사할 수 있는 측면을 찾아내라. 그런 일들에도 감사할 수 있는 긍정적 측면이 반드시 있을 것이다. 맘먹은 대로 일이 되지 않을 때 더 나쁜 결과를 피한 것에 감사하며 목록에 적어라. 그러면 부정적 측면에서 긍정적 측면으로 초점을 옮길 수 있고, 감정 상태도 빠르게 달라질 것이다.

"나는 ○○○에 감사한다"라는 유형의 문장을 기록해라.

_____

_____

_____

_____

_____

_____

_____

_____

_____

_____

_____

_____

_____

_____

_____

_____

수용과 감사는 행복과 만족을 위한 두 가지 보증수표다.

우리는 감사 대신 너무 자주 사과를 한다. "늦어서 미안합니다" 대신에 "기다려 주셔서 감사합니다"라고 말해라. "무례를 범해 죄송합니다" 대신에 "많은 걸 배울 수 있는 경험을 하게 되어 감사합니다"라고, "아프게 해서 미안해" 대신에 "이게 널 아프게 한다는 걸 알게 되어 다행이야"라고, "잊어서 미안합니다" 대신에 "나를 믿어 주고 기다려 준 것에 감사합니다"라고 말해라. 감사가 들어간 문장으로 바꾸기만 해도 당신뿐 아니라 상대방의 초점도 바뀌고 모두의 감정이 바뀐다. 감사를 통해 자신을 새롭게 정의하고, 더 안정되고 더 만족스럽고 더 여유로워질 수 있다. 실수와 역경에 더 잘 대처할 수 있고 심지어 에너지까지 얻게 될 것이다.

당신이 자주 말하는 "미안합니다"를 "감사합니다"로 바꿔서 적어 보아라.

_____

_____

_____

_____

_____

_____

_____

_____

인생을 바꾸는 질문들

자신과 관계 맺는 법

특정 나이가 되면 우리는 부모의 품을 떠나 자립해야 하고, 그렇게 스스로 자신의 부모가 되어야 한다. "방 좀 치워라", "일찍 일찍이 다녀라", "바르게 행동해라" 같은 잔소리든 "다 잘 될 거야", "잘하고 있어", "언제나 널 사랑할 거야" 같은 격려든 부모는 자식이 바르게 자라도록 가르치는 동시에 안정감과 인정과 용기를 줘야 한다.

좋은 친구와 대화하듯 자기 자신과 얘기하라고 조언하는 사람이 많은데, 나는 다른 조언을 하고자 한다. 내 생각에 좋은 친구처럼 대화하면 종종 정직성이 부족할 수 있다. 그러니 자식을 대하는 부모처럼 해야 한다. 언제나 사랑으로 보살피되 더 나은 사람이 되도록 솔직하게 꾸짖고 가르쳐야 한다.

그러나 절대 해선 안 되는 일이 있다. 실수했을 때 사랑을 거둬서는 안 된다. 그러나 애석하게도 많은 가정에서 이런 일이 자주 일어난다. 우리는 오직 한 번 살고 몸은 하나뿐이다. 이것은 바꿀 수 없는 사실이다. 우리는 무조건적 사랑을 받을 자격이 있다. 부모의 사랑은 애써 획득하지 않아도 되고 완벽하게 행동하지 않았다고 하여 빼앗겨서도 안 된다. 그런데 우리는 실수를 했거나 훌륭하지 못했다는 기분이 들 때 종종 자기 자신을 벌준다. 당신이 열 살이고 테니스 경기 중이라고 상상해 보아라. 열심히 했는데도 크게 패했다. 당신은 깊은 슬픔에 빠졌다. 이때 당신의 어머니는 어떻게 할까? 당신을 위로하고 격려할 것이다. 바로 그런 순간에 평소보다 더 많은 사랑과 애정을 준다. 우리는 다른 사람이 힘들어하면 어머니처럼 그 사람을 보살핀다. 그러나 정작 자기 자신이 힘들 때는 자신을 보살피

7 ✛ 어떻게 역경에 대처할 수 있을까?

지 않는다. 보살피기는커녕 벌주고 무시하고 사랑을 거두는 경향이 있다. 바로 여기에 문제가 있다. 어른이 된 우리 곁에는 부모가 없다. 우리에게 격려와 용기를 줄 사람은 자신뿐이다. 우리는 스스로 부모가 되어 자기 자신을 보살펴야 한다. 실수 때문에 속상할 때일수록 더 많이 우리 자신을 사랑해야 한다.

아이들의 실수를 우리는 야단치지 않는다. 아이들은 아직 배우는 중이기 때문이다. 우리는 평생을 배우고 실수한다. 그러므로 자기 자신을 자식처럼 대하고, 이 상황에서 우리에게 가장 필요한 사랑을 듬뿍 주어야 한다.

부모는 자식을 볼 때, 현재 어떤 사람이냐가 아니라
앞으로 어떤 사람이 될지를 본다.

부모의 중요한 역할은 격려다. 부모처럼 우리 자신에게 용기를 주어야 한다. 아직 제대로 걷지 못하더라도 어머니는 아이를 칭찬한다. "벌써 걷다니 정말 대단하다!" 절반을 흘리며 먹더라도 어머니는 아이를 격려한다. "세상에 벌써 혼자 먹을 수 있다니 멋지다!" 거의 알아들을 수 없는 옹알이임에도 어머니는 용기를 북돋아 준다. "벌써 말을 할 수 있다니 대단해!" 부모가 계속해서 격려하고 열렬히 응원하지 않았다면 수많은 아이가 학교를 그만두고 싶었으리라. 부모는 우리의 가장 큰 팬이었다. 이제 우리가 스스로 우리의 가장 큰 팬이 되어야 한다.

당신의 내면을 보아라. 그리고 다른 사람의 내면을 보아라. 당신과 그들이 앞으로 어떤 사람이 될 수 있을지를 보아라. 지금의 상태를 재판하지 말라. 당신 자신, 배우자, 친구, 누구든지 좋은 면을 보고 지지하고 격려하고 같은 편이 되어라.

당신과 평생 동행할 사람은 단 한 사람, 당신 자신뿐이다. 당신은 당신의 운명적 사랑이다. 당신은 결코 당신을 떠나지 않을 것이다. 자신을 재판하거나 미워하거나 탓할 수 있지만, 평생 거울 속에서 당신을 볼 수밖에 없다. 자신과의 관계는 조화롭고 사랑이 넘치고 관대할 수 있지만, 증오로 가득하고 파괴적이고 끝나지 않는 전투를 벌일 수도 있다. 자신의 모든 승리와 성공을 비하하고 짓밟는 최대 적수일 수 있지만, 자신을 격려하고 칭찬하고 힘을 주는 팬일 수도 있다.

부모가 자식과 대화하듯 자신과 대화해라. 어떤 조언과 충고를 주겠는가?

_____

_____

_____

_____

어머니, 아버지로서 나는 나의 어떤 면을 칭찬할 수 있을까?

_____

_____

_____

_____

어머니, 아버지로서 나는 나의 어떤 면을 훈계할 수 있을까?

_____

_____

_____

_____

의도적인 실수의 힘

실수는 근본적으로 문제가 아니다. 우리 자신이 실수를 문제로 만든다. 실수를 인격적 실패로 보고 자기 자신을 질책하는 것이 문제다. 실수를 겁내고 다른 사람의 평가를 두려워하는 것이 문제다. 가장 만연한 스트레스 방아쇠가 바로 이런 두려움이다. "저 사람은 나에 대해 무슨 생각을 할까?" 이것은 행동에 영향을 준다. '부정적 생각 → 부정적 감정 → 용기를 잃고 움츠러드는 태도'의 악순환을 만든다.

실수를 두려워하는 것은 다른 사람의 평가를 두려워하는 사회적 공포증에 해당한다. 시험 공포증, 수많은 청중 앞에서 발표할 때의 두려움, 부정적으로 평가될 걱정 등이 대표적 사례다. 이런 만연한 공포증은 다양한 연습으로 줄일 수 있고 심지어 완전히 없앨 수 있다. 여기서도 두려움의 발단은 과거의 부정적 경험이다. 한때 강한 감정 반응을 일으켰던 특정 상황이 지속적인 회피를 통해 두려움이나 패닉으로 발전했을 수 있다. 새로운 긍정적 경험을 하려면 정기적으로 성찰하고, 올바른 질문을 하고, 연관성을 알아차리고, 큰 용기를 가져야 한다. 두려움을 뚫고 나가야 비로소 두려움에서 벗어날 수 있기 때문이다.

다시 말해 두려움을 극복하려면 두려움 앞에 서야 한다는 뜻이다. 다만 이 과정은 차근차근 단계적으로 실행해야 한다. 그래야 또 다른 부정적 경험을 쌓지 않고, 의식적으로나 무의식적으로 각인된 기본 관념이 더욱 강화되는 일을 막을 수 있다. 이때의 목표는 머릿속의 상상이 사실이 아니기 때문에 두려워할 근거가 없음을 확인하는 것이다. 그러므로 강한 신체 반응 없이 문제 상황을 상상할 수 있고 견딜 수 있을 때만 이 연습을 해야 한다. 먼저 10~20회 정도 상상해 보고, 그다음 현실에서 시도해 봐야 한다. 이때도 처음에는 익숙하고 쉬운 것으로 시작하여 점차 자신감을 늘려나가야 한다.

첫 번째 경고 신호가 올 때 곧바로 중단해선 안 된다. 두려움이 줄어들 때까지 계속해서 두려움에 노출되어야 한다. 두려움은 언제나 특정 수준까지만 상승하고 그다음 갑자기 사라지기 때문이다. 단 몇 초 안에 갑자기. 바로 그 순간이 올 때까지 견디며 기다려야 한다.

의식적으로 실수를 하면 실수의 의미가 바뀐다. 의도적으로 한 실수에는 열패감이 없다. 그런 실수는 중요하지도 않고 무게감도 없다. 그러므로 부정적 감정의 원인은 실수 자체가 아니라 그때 무슨 생각을 하느냐이다. 실수 없는 완벽한 삶은 존재하지 않으므로 우리가 해야 할 일은 실수를 없애는 것이 아니라 실수를 대하는 올바른 방식을 배우는 일이다.

도구를 쓰지 말고 1번 칸에 직선을 그려라. 가능한 한 곧게 그려야 한다. 세 번의 기회가 있다. 그 안에 완벽한 일직선을 그려야 한다. 2번 칸에는 토끼 한 마리를 그려라. 당신이 그릴 수 있는 가장 아름다운 토끼여야 한다! 다른 사람에게 점수를 받는다고 생각하고 최선을 다해 그려라.

1	2

이 연습이 얼마나 즐거웠나(1: 매우 즐거웠다, 5: 전혀 즐겁지 않았다)?

1	2	3	4	5

실수했을 때 얼마나 짜증이 났나(1: 매우 짜증이 났다, 5: 짜증이 전혀 안 났다)?

1	2	3	4	5

인생을 바꾸는 질문들

이 과제를 수행할 때 어떤 생각이 들었는가?

_____

_____

_____

_____

이제 1번 칸에 완벽하지 않은 선을 그려라. 곧은 직선이면 안 되고 완벽해서도 안 된다. 가능한 한 엉망으로 그려라. 2번 칸에는 최대한 엉망으로 토끼를 그려라.

1	2

7 ✦ 어떻게 역경에 대처할 수 있을까?

이 연습이 얼마나 즐거웠나(1: 매우 즐거웠다, 5: 전혀 즐겁지 않았다)?

_____

　　　1　　　　　2　　　　　3　　　　　4　　　　　5

실수했을 때 얼마나 짜증이 났나(1: 매우 짜증이 났다, 5: 짜증이 전혀 안 났다)?

_____

　　　1　　　　　2　　　　　3　　　　　4　　　　　5

이 과제를 수행할 때 어떤 생각이 들었는가?

_____

_____

_____

_____

　　　기린 그리기, 집 그리기, 완벽한 삼각형 그리기, 냅킨으로 백조 접기 등으로 연습해도 된다. 일부러 실수하고 완벽하지 않으려 애쓰는 순간, 실수는 갑자기 힘을 잃는다. 일부러 하는 실수는 부정적 감정을 유발하지 않는다. 실수가 부정적인 이유는 다른 사람의 평가를 두려워하기 때문이다. 일부러 뭔가를 잘못하면 다른 사람의 비판도 힘을 잃는다. 게다가 모든 일이 갑자기 아주 즐거워진다. 실수하지 않으려 조심하는 대신 온전히 그 일을 즐길 수 있기 때문이다. 예를 들어 커버댄스를 출 때, 실수하지 않으려 애쓰는 대신 춤 자체를 온전히 즐긴다면 분명 다르게 느끼고 다르게 집중할 수 있을 것이다.

나는 여기서 무엇을 배우는가?

_____

_____

_____

_____

_____

두려움과 마찬가지로 실수 역시 직면해야 한다. 가능한 한 많은 실수를 저지르려 애쓰다 보면 실수의 무게가 가벼워지는 것을 확인하게 될 것이다. 일부러 커피를 쏟고, 일부러 삐뚤게 선을 그리고, 일부러 음식을 엉망으로 차리고, 일부러 삐뚤게 자르고, 일부러 쓰레기통에서 멀리 빗나가게 쓰레기를 던지고, 최대한 안 어울리게 옷을 입고, 가능한 한 많이 흘리면서 먹고, 일부러 틀리게 계산해라. 상상만 해도 벌써 싱긋 웃음이 났을 것이다. 일부러 한 실수에서는 평소 실수했을 때의 부정적 감정이 생기지 않는다. 그러므로 실수를 연습해서 실수가 별일 아님을 배우자. 실수 때문에 당신의 재능과 능력이 의심받는 일은 없다. 실수 때문에 심각한 일이 벌어지진 않는다. 처음에는 가벼운 연습으로 시작하여 점차 강도를 높여라.

만들기

뭔가를 만들거나 종이접기를 하거나 그림을 그리거나 노래를 부를 때, 가능한 한 실수를 많이 하며 엉망으로 하려 노력해라. 실수가 얼마나 재밌고, 도달해야 할 목표치가 없는 것이 얼마나 마음을 편하게 하는지 확인하게 될 것이다. 실수가 있더라도 결과물이 그럭저럭 괜찮고 걱정했던 것만큼 그렇게 나쁘지 않음을 깨닫게 되리라. 어쩌면 실수를 통해 더 나은 뜻밖의 결과가 나올지도 모른다. 예를 들어 나는 어떤 아이에게 (일반적으로 동물을 만드는) 요술 풍선을 주며 아무거나 만들어 보라고 했다. 못해도 상관없으니 일단 시도해 보라고, 무슨 일이 벌어지는지 탐험해 보자고 격려했다. 아이는 풍선 아트를 해 본 적이 없었지만, 일단 해 보았다. 그 결과, 아이가 만든 것은 가부좌를 틀고 명상하는 부처였다. 기대와 목표 없이, 정답 없이 그냥 시도한 덕에 새로운 결과물이 나왔다. 실수에 집중했더라면, 자신이 아무것도 모른다는 것에 집중했더라면 아이는 만들기를 포기하고 내게 해 달라며 요술 풍선을 돌려주었을 것이다.

요리

완벽주의를 버리고 실험 정신을 발휘해라! 요리사가 알려 주는 완벽한 레시피를 내려놓고 그냥 당신이 생각한 대로 해라. 요리사의 레시피를 그대로 따라 할 때보다 요리에 대해 더 많이 배우게 될 것이다. 실수를 허용하는 즉시 더 많은 기쁨을 누릴 수 있다. 혹시 방금 말도 안 된다고 생각했는가? 그렇다면 당신은 여전히 완벽한 정답만 있다고 믿고 '삶의 불완전성'을 아직 받아들이지 못한 것이다.

미소 짓기

사람들이 우리의 첫인상을 '나쁘게' 평가하지 않음을 배우는 것이 이 연습의 목표다. 다른 사람의 부정적 평가를 두려워할 필요가 없음을 확인하고자 한다. 길에서, 지하철에서, 버스에서 처음 보는 사람에게 미소를 지어라. 그 사람도 같이 웃음을 보일 때까지 확실하게 오래 미소를 지어라. 거의 모두가 당신의 미소에 응답한다는 확신이 들 때까지 계속해서 자주 해라. 일단 시작했으면 누군가 미소로 응답할 때까지 해야 한다. 안 그러면 이 연습을 부정적 경험으로 저장하게 된다. 그러나 미소를 받는 횟수를 늘려 나간다면 이 연습을 긍정적 경험으로 저장하게 된다. 미소를 돌려받지 못하면 불쾌감이 들고 '미소를 보낸 게 잘못이야. 내가 실수했어'라는 섣부른 결론을 내릴 수 있다. 그러나 그렇지 않다. 당신이 옳다고 여기는 것을 해라. 그리고 다른 사람의 반응에 신경 쓰지 않고 자기 행동을 탓하지 않는 법을 배워라. 당신이 옳다고 여긴다면 그 행동은 옳은 것이다. 이것을 자주 반복하면 결국 기쁨을 누리게 될 것이다. 당신을 부정적으로 보는 사람들의 시선이 더는 당신에게 아무런 영향도 미치지 못할 것이다. 모두가 당신을 나쁘게 평가하는 게 아님을 알게 된 당신은, 사람들이 당신을 섣불리 재판하지 않음을 배우게 된다. 그러므로 자신의 실수에 관대해질 뿐 아니라 자신감도 커진다.

시간 묻기

길에서 혹은 공공장소에서 친절하고 여유로워 보이는 사람에게 시간을 물어라. 낯선 사람의 친절을 경험하게 될 것이다. 당신의 질문이 전혀 방해되지 않았고 오히려 당신을 도울 수 있는 것에 기뻐한다는 걸 알게 되리라. 당신이 자부심을 가질 수 있는 목표를 정해라. 예를 들어, 세 명에게 말을 거는 것으로 정해 보자. 그다음 무엇이 잘되었고 무엇이 잘 안되었는지 성찰해라. 연습 때 어떤 기분이 들었고 왜 그런 기분이 들었는지 성찰해라.

길을 막고 서 있기

길 한복판이나 계단 중간에 서 있어라. 의도적으로 길을 막고 서 있어라. 다른 사람 방해하기, 불청객 되기를 연습해라. 힘든 연습일 것이다. 마음이 불편할 것이다. 그러나 시간이 지나면 별일 아니게 될 것이다. 길을 막고 서 있을 수밖에 없는 좋은 구실을 마련해도 된다. 전화 통화 또는 (다소 이상하지만) 책 읽기(그렇다, 길 한복판에서!). 이때 필요한 건 견디기 기술뿐이다. 시간제한을 두어라. 예를 들어 처음에는 1분, 그다음에는 3분으로 시간을 더 늘려라. 그렇게 계속 늘려 간다. 이때 반드시 해야 하는 일이 있다. 나중에 이 상황을 머릿속에서 다시 한번 실행하며 당신의 생각, 감정, 반응을 아주 정확히 살펴야 한다. 그러면 사람들의 실제 반응보다 상상 속 반응이 훨씬 나쁘고 끔찍하고 두려웠다는 것을 알게 될 것이다. 이제 새로운 목표를 세울 수 있다. 특정 생각을 너무 심각하게 받아들이지 않기. 특정 감정을 견디기. 특정 반응을 참거나 바꾸기.

계산대에서 실수하기

마트에 가서 5인 가족의 장을 보는 것처럼 쇼핑 카트에 넘치도록 물건을 담는다. 계산대에 줄을 서고 물건들을 올려놓는다. 당신 차례가 되었을 때 지갑이 없음을 알아차린다. 수많은 낯선 사람들과 마트 직원의 따가운 시선을 받으며 당신은 빈손으로 마트를 떠나야 한다. 이 연습은 거의 도전에 가깝다. 그러나 달리 생각하면 당신이 여전히 다른 사람의 시선과 평가를 중요하게 여기기 때문에 이 연습이 도전으로 느껴지는 것이다. 지갑을 챙겨 오지 않은 실수는 누구나 할 수 있는 실수고, 실수는 일반적인 일이다. 불편한 감정을 만드는 것은 실수 자체가 아니라 당신과 다른 사람의 평가다. 낯선 사람의 생각이 정말로 당신에게 그렇게 큰 의미가 있는가? 당신의 실수가 그들에게 그렇게 중요한 일일까? 설령 그들이 뒤에서 수군대더라도, 그것은 그저 당신의 실수가 현재 그들에게 가장 흥미로운 일이라는 증거일 뿐이다. 당신은 적어도 그들을 즐겁게 했고 그들에게 재미난 하루를 선사했다!

자리 양보 요청하기

이 연습 역시 마트에서 진행한다. 쇼핑 카트를 가득 채운다. 계산대에서 줄을 서고, 앞 사람에게 양보를 청한다. 아무 이유 없이. 누군가 이유를 물으면 그냥 "아주 아주 급해서 그럽니다. 부탁합니다!"라고 답한다. 불공정하다는 것을 잘 알면서도 앞에 서기를 부탁한다.

이것이 너무 불편하다면 그럴듯한 이유를 만들 수 있다. 이유를 설명하면 양보받을 확률은 올라간다. 하지만 이 연습의 목표는 거절과 거부에 익숙해지는 것이다. 양보를 받든 못 받든, 계산을 마칠 때까지 당신에게 쏟아지는 시선을 느끼며 이 상황을 견뎌야 한다. 맨 앞에 설 때까지 앞사람에게 자리 양보를 부탁해라(약간 쉬운 버전: 껌 하나나 작은 물건 하나를 손에 들고, 먼저 계산하게 해 달라고 부탁한다).

실수 대처에 능숙하든 아니든, 이 연습은 당신 자신과 삶에 관해 많은 것을 알려 줄 것이다. 당신이 낯선 사람의 평가를 얼마나 중시하는지, 무리에 소속되기를 얼마나 바라는지, 사회에 적응한 사람으로 보이기를 얼마나 원하는지 알게 될 것이다. 또한 불편한 감정이 생각보다 견딜 만하고, 그런 상황을 이겨 낼 만큼 당신이 강하다는 것도 배우게 될 것이다. 자신감이 커지고 실수에 더 관대해질 것이다.

남들과 다르고 눈에 띄고 무리에서 이탈하는 것은 어려운 싸움이다. 종교, 피부색, 성적 취향 등의 차별이 점점 줄어들고 있지만, 소수자들은 여전히 비자발적 자의식 훈련을 매우 자주 할 수밖에 없다. 그들은 거의 매일 따가운 시선과 수군거림을 견뎌 낸다. 그들이 할 수 있다면 당신도 할 수 있지 않을까?

5일 안에 시도할 '실수 과제' 세 가지를 선정해라(세 가지는 최소한이다. 많을수록 좋다). 일정을 명확히 짜고, 실행 후 깨달은 것을 기록해라. 이때 실행 전, 실행 중, 실행 후의 생각을 잘 살펴라. 평가하거나 재판하지 말고 오로지 관찰하고 느껴라. 경험하고 배워라.

실수 1

_____

_____

_____

_____

_____

인생을 바꾸는 질문들

실수 2

_____

_____

_____

_____

_____

_____

_____

_____

_____

_____

_____

_____

285

_____

_____

_____

_____

_____

_____

_____

_____

_____

한 사람의 가치

어느 날 아들이 어두운 얼굴로 학교에서 돌아왔다. 발표 때 너무 긴장한 탓에 말을 더듬고 준비한 내용의 거의 절반이 생각나지 않아 엉망으로 끝냈다고 한다. 결국 낙제점을 받아 너무 슬프고 자신에게 실망했다고 했다.

"나는 앞으로 발표를 절대 할 수 없을 거야! 이대로 사라졌으면 좋겠어. 다시는 학교에 가고 싶지 않아!"

나는 아들을 진정시키려 애썼다. 아들은 자신의 약점과 단점을 계속 늘어놓

으며 자신을 탓했다. 나는 50유로 지폐를 꺼냈다. "갖고 싶니?" 아들이 어리둥절
해져서 빤히 보았다. "당연하지, 엄마!" 나는 지폐를 꼬깃꼬깃 접었다. "아직도 갖
고 싶어?" "물론!" 아들이 답했다. 이번에는 지폐를 완전히 구겼다. "아직도?" 아
들이 그렇다고 답했다. 나는 돈을 바닥에 버리고 발로 밟았다. "지금은 어때? 여
전히 50유로를 갖고 싶어?"

"당연하지 엄마! 여전히 50유로잖아!"

"그렇지, 너도 마찬가지야. 네가 꼴찌든 낙제점을 받았든 너의 가치는 변하
지 않아. 네가 무엇을 잘하느냐 못하느냐와 상관없이 너는 여전히 내 아들이고 나
는 널 사랑해. 네가 좋은 점수를 받든 나쁜 점수를 받든, 발표를 완벽하게 해냈든
실수를 했든 상관없이 너는 여전히 소중하고 멋지고 무엇보다 재능이 많고 훌륭
해. 이 지폐의 가치가 그대로인 것처럼 너의 가치도 그대로야."

아들은 한동안 눈을 동그랗게 뜨고 나를 빤히 보았다. 그의 생각이 바뀌는 것
이 눈에 보였다. 그가 훌쩍였다. "고마워, 엄마. 엄마가 무슨 얘기를 하려는지 이
제 알겠어. 발표 전에도 발표 후에도 나의 가치는 50유로야." 나는 웃었고 아들의
이마에 입을 맞추고 꼭 안아 주었다.

8

행복하려면
무엇이 필요한가?

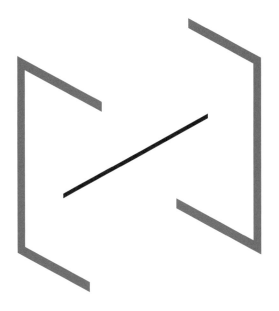

삶의 질이 무엇이라고 생각하는지 열 명에게 물으면 열 명 모두가 제각각 다른 답을 말할 것이다. 삶의 질이란 사회 구성원에게 영향을 미치는 한 사회의 모든 긍정적 생활 조건을 합친 개념이다. 일반적으로 삶의 질은 주로 개인이나 집단이 느끼는 주관적 평안 수준으로 이해된다. 그러나 세계보건기구WHO는 삶의 질을 결정하는 여섯 개 요소를 선정했다. 말하자면 열 명이 제각각 다른 대답을 하더라도 실제로 삶의 질을 높이는 여섯 가지 요소가 있다는 뜻이다. 삶의 질은 나이, 성별, 문화와 무관하다. 행복한 삶에 관한 한 우리는 전 세계적으로 같은 매개 변수를 가진다. 즉 다음의 여섯 가지는 독일인에서 아랍인에 이르기까지 똑같이 중요하다.

- 육체적 평안
- 마음의 평안
- 자기 결정권
- 사회적 관계
- 생활 조건
- 의미 충족

우리 인간은 근거 없이 흥분하고 활동하는 존재가 아니다. 행복한 삶의 필수 요소가 무엇인지 안다면 우리가 행복하거나 불행한 이유를 찾아낼 수 있다. 특히 삶이 평탄치 않다고 느껴질 때, 삶의 질을 결정하는 이 여섯 가지 요소를 살펴야 한다. 그래야 이런 감정이 어디에서 왔는지 알아내고 그에 맞는 방책을 찾아내 개선할 수 있다.

이 모든 여섯 가지의 수준을 향상시키려면 당신 자신을 더 탐색해야 한다.

삶의 질을 결정하는 조건은 전 세계가 똑같다.

다음의 테스트로 삶의 질 점수를 확인하고 삶의 만족도를 알아보자. 삶의 질을 결정하는 세 번째 요소인 '자기 결정권'은 별도의 장을 할애하여 설명할 것이다(9장 참조).

내 삶의 질은 어떤가?

테스트를 시작하기 전에 점수를 예상해 보자. 현재 당신의 삶의 질은 1점(매우 좋다)에서 5점(아주 나쁘다) 중에 어디쯤인 것 같은가? 느낌으로 답해라.

1	2	3	4	5

인생을 바꾸는 질문들

		1 매우 좋다	2 좋다	3 중간이다	4 나쁘다	5 아주 나쁘다
육체적 평안	섭식	☐	☐	☐	☐	☐
	수면	☐	☐	☐	☐	☐
	육체적 건강	☐	☐	☐	☐	☐
	에너지·활기	☐	☐	☐	☐	☐
	중독으로부터의 안전	☐	☐	☐	☐	☐
마음의 평안	즐길 수 있는 능력	☐	☐	☐	☐	☐
	행복감	☐	☐	☐	☐	☐
	외모	☐	☐	☐	☐	☐
	자기 수용	☐	☐	☐	☐	☐
	자기애	☐	☐	☐	☐	☐
	마음의 여유	☐	☐	☐	☐	☐
	기억력	☐	☐	☐	☐	☐
자기 결정권	업무 만족도	☐	☐	☐	☐	☐
	활동	☐	☐	☐	☐	☐
	적응력·유연성	☐	☐	☐	☐	☐
	실천력	☐	☐	☐	☐	☐
	통제	☐	☐	☐	☐	☐
	자신감	☐	☐	☐	☐	☐

293

사회적 관계	친구	☐	☐	☐	☐	☐
	연인	☐	☐	☐	☐	☐
	긍정적 성생활	☐	☐	☐	☐	☐

생활 조건	주거	☐	☐	☐	☐	☐
	재정	☐	☐	☐	☐	☐
	자유	☐	☐	☐	☐	☐
	교육·지식	☐	☐	☐	☐	☐
	주변 환경	☐	☐	☐	☐	☐

의미 충족	목표	☐	☐	☐	☐	☐
	가치	☐	☐	☐	☐	☐
	삶의 가치관	☐	☐	☐	☐	☐
	성공 경험	☐	☐	☐	☐	☐
	인정·칭찬	☐	☐	☐	☐	☐

테스트 전에 당신이 생각했던 삶의 질 점수는 테스트 결과와 얼마나 다른가?

| 1 | 2 | 3 | 4 | 5 |

테스트 전의 생각과 테스트 결과가 아주 다른가? 그렇다면 어떤 측면을 간과했고 그 이유는 무엇인가?

_____

_____

_____

　　이제 테스트에서 4점과 5점을 받은 영역을 모두 기록하고, 이것을 개선하려면 어떤 방책이 필요한지를 그 옆에 적어라. 그다음에는 계획을 세워 시도할 때 무방비로 문제에 맞닥뜨리지 않도록 변화를 방해할 수 있는 요소들을 예측해 두어라. 이 길에 필요한 실천력과 의지력을 충분히 줄 수 있는 당신만의 고유한 동력을 찾아라(1, 2장 참조). 이 목표를 이루면 무엇이 좋은지를 글로 명확히 남겨라. 이렇게 단계를 밟아 가면 삶의 질을 개선할 뿐 아니라 다른 분야에서도 이런 방식으로 문제를 해결하고 꿈을 실현할 수 있다.

어떤 상위 범주가 가장 많은 점수를 받았는가?

_____

어떤 상위 범주가 가장 적은 점수를 받았는가?

_____

295

어떤 하위 범주가 4점(나쁘다)과 5점(아주 나쁘다)을 받았는가?

_____

_____

_____

_____

_____

삶의 질을 개선하려면 어떤 방책이 필요한가?

_____

_____

_____

_____

_____

_____

무엇이 변화를 방해하는가?

_____

_____

변화를 통해 어떤 이득(유용성)을 얻는가?

_____

_____

_____

_____

_____

변화를 통해 어떤 감정을 느끼는가?

_____

_____

_____

_____

_____

질문에 상세히 답했다면 이제 능동적 변화를 계획할 시간이다. 크게 바뀌어야 할 범주가 여럿이고 그 모든 것을 한꺼번에 바꾸고 싶더라도 천천히 차근차근 시작해라. 먼저 가장 시급한 네 가지만 골라 다음의 표를 참고하여 그것을 바꾸는 데 집중해라.

	육체적 평안: 수면
현재	4
목표	3
방책	…
왜 이것을 하는가?(유용성)	…
언제?	…
어떻게?	…
얼마나 자주?	…
성과	…

이때 당신 자신에게 너무 혹독하지 않도록 주의하기를 바란다. 변화는 쉬운 일이 아니다. 새로움은 불편함을 유발한다. 아주 작은 변화라도 당신이 해낸 모든

인생을 바꾸는 질문들

것을 친구, 사랑하는 사람, 애인, 배우자, 동료에게 자랑하고 자기 자신을 칭찬해라. 이것이 긍정적 감정을 강화하고, 당신의 계획을 아는 사람들의 격려와 응원이 더 많은 동기를 줄 뿐 아니라 당신이 쉽게 포기하지 못하도록 긍정적 압박을 줄 것이다.

나의 성공을 함께 기뻐할 사람은 누구인가? 누구를 내 계획에 동참시킬 수 있을까?

_____

내가 계획을 실행하면 그들은 내게 무슨 말을 할까?

_____

_____

계획을 실행하면 나는 내게 무슨 말을 할까?

_____

_____

어떤 칭찬이 가장 기쁠까?

_____

실행 중에 나를 격려하고 칭찬할 방법은 무엇일까?

_____

8 ✦ 행복하려면 무엇이 필요한가?

나는 왜 이것을 거뜬히 해낼 수 있을까(최소한 네 가지 근거를 적어라)?

_____

_____

_____

_____

_____

계획을 다음의 표에 기록해라. 행복한 삶을 위해 여러 번 실행할 수 있도록 이 표와 여러 테스트를 부록에 모아 두었으니 활용하기 바란다.

당신의 삶에는 이미 잘 진행되어 바꿀 필요가 없는 범주도 있다. 당신은 그 범주에서 능숙하고 성공적이다. 어쩌면 그것에 자부심도 가졌을 것이다. 당신은 앞에서 "나는 왜 이것을 거뜬히 해낼 수 있을까?"에 답했다. 그것이 당신의 강점이다. 당신의 어떤 능력과 힘이 목표를 이루는 데 도움이 되는가? 무엇에 자신이 있는가? 다른 사람들은 당신의 어떤 점을 높이 보는가? 이런 질문에 자신 있게 답할수록, 강점을 더 의식적으로 늘리고 발휘할수록 만족감이 커질 것이다. 잘할 수 있고 잘할 수 있다고 확신하는 일을 하면 그 결과는 더 좋을 것이기 때문이다. 좋은 결과를 내면 자신감이 높아질 것이다. 이것을 긍정적 경험으로 저장하고 속으로 "나는 할 수 있다!"라고 외칠 것이기 때문이다. 자신감이 높아지면 더 강하고 더 끈기 있고 더 용감해진다. 더 용감해지고 자기 능력을 더 믿게 되면 삶의 모든

현재	
목표	
방책	
왜 이것을 하는가(유용성)?	
언제?	
어떻게?	
얼마나 자주?	
성과	
현재	
목표	
방책	
왜 이것을 하는가(유용성)?	
언제?	
어떻게?	
얼마나 자주?	
성과	

8 ✛ 행복하려면 무엇이 필요한가?

분야에서 더 많은 성공을 목표로 한다. 이 성공이 다시 당신을 강하게 하고 더 여유롭게 하고 더 많은 기쁨과 만족감을 준다.

그러므로 끈기 있게 지속하는 것이 중요하다. 금세 이뤄지지 않더라도 할 수 있다는 자신감이 생길 때까지 더 자주 시도해야 한다. 여기서 긍정적 경험을 저장해야 자신에 대한 믿음을 가질 수 있다. 두려움을 극복하기 위해 스스로 두려움에 직면해야 하는 이유 역시 이것 때문이었다. 저장된 부정적 경험은 계속해서 "나빠, 형편없어, 두려워, 꺼져"라고 외친다. 이것을 "그렇게 나쁘지 않아. 나는 이것을 해낼 수 있어"로 바꾸려면 먼저 긍정적 경험을 수집해야 한다.

우리는 여러 목표가 필요하다. 휴식과 여유뿐 아니라 도전도 필요하다. 오직 하나만을 위해 태어난 사람은 없다. 우리는 긴장과 이완의 혼합이 필요하다. 긴장(업무, 도전, 공부, 스포츠, 집중, 노력 등)과 이완(휴식, 여유, 놀이, 자유, 연애, 빈둥대는 시간 등)이 적절히 섞인 삶을 살아야 한다. 주로 바쁘다는 핑계로 이런 필요성을 종종 무시한다. 한쪽으로 치우쳤더라도 어느 정도 수준까지는 괜찮다. 그러나 한쪽을 거의 완전히 무시하는 것은(휴일에도 쉬지 않는 자영업자, 오랫동안 노력 없이 빈둥대기만 하는 실업자) 정신 질환, 중독, 육체 질환 등 재앙의 삶으로 안내한다.

수면 장애, 초조, 소화 불량, 두통, 잦은 몸살, 무기력, 과민반응 등 겉으로 드러나는 표면적 증상은 대개 아주 사소하다. 그래서 너무 자주 무시된다. 결국 몸은 더는 못 들은 척할 수 없을 정도로 크게 외치고 정신까지 병들게 한다. 우울증, 번아웃, 공황 장애, 강박증, 천식, 심혈관 질환, 암 등이 그 결과다. 증상을 악화시키고 행동을 조종하는 것은 생각이다. 그러므로 행복하고 건강한 삶을 위해 삶의 질을 좌우하는 매개 변수를 조정할 이유는 충분하다.

인생을 바꾸는 질문들

삶의 균형 찾기

행복한 삶을 약속하는 '밸런스 모델'을 소개하고자 한다. 이 모델은 가장 단순하면서도 삶의 질을 높이는 데 매우 효율적이고 언제 어디서나(점심시간, 자동차 안 등) 재빨리 사용할 수 있으며 원하는 효과를 정확히 내기 때문이다. 이 모델은 신체, 관계, 실적, 의미 네 가지 차원으로 구성되어 있다.

- 신체/감각(섭식, 운동, 휴식, 건강, 수면)
- 관계/접촉(친구, 가족, 동호회, 사회 활동)
- 실적/직장(직업, 성공, 경력, 자산)
- 의미/미래(영성, 종교, 미래, 마음의 평안)

먼저 네 분야를 평가해야 한다. 나는 네 분야에서 얼마나 만족하나? 어느 분야에 얼마만큼의 에너지를 투입하는가? 불균형이 심한가? 한 분야에 너무 집중되었거나 너무 소홀한 모든 불균형은 건강하지 못하다. 우리는 이미 1장에서 '삶의 기둥'을 다룰 때 이것을 작업했었다.

균형이 깨지면 우리는 주의를 다른 데로 돌리거나 욕구를 채울 다른 대안을 찾는다. 두 가지 모두 장기적으로 제대로 작동하지 않는다. 이런 모습은 종종 능력(직업, 경력) 분야나 신체 활동(운동, 성생활) 분야에서 빈번히 나타난다. 관계에 과도하게 집중하는 경우도 있다. 이럴 때는 다른 분야에서 채워지지 않은 불만족을 연인이 채워 줘야 한다. 또는 의미에 너무 과한 무게를 두면 신앙생활에서 자아를 잃고 과도하게 종교에 빠져들어 다른 모든 것을 완전히 무시하게 된다. 과도한 운동, 식탐, 섹스, 음주, 자기계발 강박, 실적 추구 등은 단기적으로 두각을 나타낼 수 있겠지만 장기적으로는 불가능하다. 그래서 이 모델의 이름이 밸런스 모델인 것이다.

최근 서구 세계에서는 신체와 실적이 강한 집중을 받았다. 건강과 성공은 행복한 삶을 위한 좋은 만병통치약으로 통했고, 모두가 그것을 얻고자 했다. 유럽의 경우 대부분 '의미' 분야가 홀대받는다. 과감하게 꿈꾸기, 상상력 발휘하기, 뭔가를 믿고 신뢰하기 등이 부족하다. 서서히 변화의 바람이 불고 있지만 유럽 사회 전체에 도달하기까지는 시간이 걸릴 것이다. 다음의 질문이 지금의 상태를 명확히 보여 줄 것이다.

- 신체: 나는 안녕한가?
- 관계: 나는 누구와 살고 누구를 위해 사는가?
- 실적: 나는 어떤 일을 하는가?
- 의미: 왜 이 일을 하는가? 나는 어디에서 왔는가? 나는 어디로 가는가?

신체: 나는 안녕한가(섭식, 운동, 휴식, 건강, 수면)?

_____

_____

_____

_____

인생을 바꾸는 질문들

관계: 나는 누구와 살고 누구를 위해 사는가[친구, 가족, 동호회, 사회 활동]?

_____

_____

_____

_____

실적: 나는 어떤 일을 하는가[직업, 성공, 경력, 자산]?

_____

_____

_____

_____

_____

_____

의미: 왜 이 일을 하는가? 나는 무엇을 믿는가? 나는 어디로 가는가[영성, 마음의 평안, 미래]?

_____

_____

_____

_____

_____

_____

이 질문들로 당신이 어떤 분야를 등한시하거나 강하게 집중하는지 알아낼 수 있다. 그러면 '최선의 나'와 행복한 삶으로 갈 수 있는 전략을 세울 수 있다.

비록 몇몇 질문은 이미 다른 장에서 다뤘지만, 이것은 연관성을 깨닫고 당신이 깊이 생각한 것을 확고히 다질 수 있는 또 다른 중요한 연습이다. 또한 같은 질문이라도 오늘 A라고 답하고 내일 B라고 답할 수도 있다. 그러므로 같은 질문을 반복하여 대답이 바뀌는지 확인하고 새로운 발견을 해야 한다.

9

인생의 주인으로
살고 있는가?

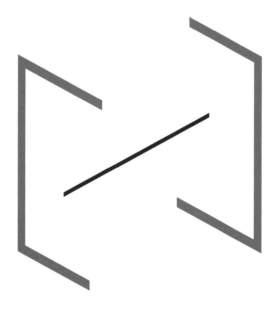

자기 결정은 자기 삶을 자유롭게 결정한다는 뜻이다. 자기 결정은 종종 결정의 자유, 자율성, 결정권 혹은 독립성이나 자립성으로 표현된다. 두려움과 스트레스는 자기 결정력이 부족해서 생기는 경우가 많다. 그러나 누구든지 생각의 변화를 통해 자기 결정력을 높일 수 있다.

자기 결정력은 자기 능력을 온전히 펼치고 자기 행동에 책임을 질 때 생긴다. 자기 결정력을 자신감으로 볼 수도 있는데, 자신감과 자기 결정력은 상호 영향을 미치기 때문이다. 자신감이 있는 사람은 자기 능력을 믿는다. 뭔가를 스스로 결정할 수 있다고 믿는다. 자신감이 있는 사람은 외부의 재확인이 필요치 않고, 외적 조건에 제한되거나 구속된다고 느끼지 않는다. 자기 결정은 자기 능력을 판단할 때 긍정적 영향을 미친다. 자기 능력을 믿어야 자신 있게 행동할 수 있다. 성공의 전제 조건은 성공을 믿는 것이다. 성공은 자기 결정력을 경험하게 한다. 그 결과 긍정적 자아상이 생기고 그것은 다시 자신감을 높인다.

당신이 삶을 결정하는가, 삶이 당신을 결정하는가? 유행하는 옷 구매든 운동이든 사람들은 의무로 여기는 것을 한다. 나는 그런 사람을 매우 자주 목격했다. 당신은 어떤가? 그 일이 맘에 들고 당신에게 이롭기 때문에 하는가? 아니면 그렇게 해야 할 것 같고 다른 사람 눈에 그렇게 보여야 하므로 하는가?

"다들 그렇게 해." "내가 어떻게 할 수 있는 일이 아니야." "내가 할 수 있는 게 없어." "나는 원래 이런 사람이야." "그렇게 배운 걸 뭐." 이런 말들은 결정력을 빼앗는 동시에 우리가 외적 상황에 지배되고 뭔가를 바꿀 능력이 없다고 믿게 한다. 다른 사람의 의견뿐 아니라 "나는 원래 재수가 없어", "사람은 믿으면 안 돼", "어머니가 내 인생을 망쳤어" 같은 기본 관념을 심어 주는 부정적 경험도 자기 결정력을 낮춘다. 이런 관념은 자기 삶의 지휘권을 스스로 내려놓았음을 보여 준다.

우리는 삶이 불만족스러울 때 다른 사람이나 주변 환경, 스스로 만들어 낸 세계관을 탓한다. 그렇게 우리는 짐을 던다. 어차피 내 탓이 아니니까, 내 힘으로 할 수 있는 일은 없으니까. 자기 행복을 책임지지 않는 것은 세상이라는 경기장에 행복이라는 공을 그냥 던져 놓는 것과 같다. 우리는 감정과 행동을 다른 사람의 영향권 아래에 두거나 구속되지 않게 할 결정권을 가졌다. 이 결정권을 행사하는 것이 곧 자유, 권한, 행복이다.

생각할 권한은 당신에게 있다.
그러므로 생각을 바꿀 권한도 당신에게 있다.

우리는 무기력하지 않다. 인생은 어쩔 수 없는 운명이 아니다. 우리는 인생의 권한을 가질지 말지를 결정할 수 있다. 나의 행동을 책임질 사람은 나다. 나는 삶을 나에게 맞게 설계할 수 있다. 상사, 동료, 친구, 가족 혹은 소셜미디어의 롤모델은 무엇이 내게 유익한지 알지 못한다. 오직 나만이 그것을 알고 오직 나만이 내 삶, 내 결정, 내 행동, 내 행복을 조종할 수 있다.

6장에서 추도사를 작성할 때 당신은 어떻게 기억되고 싶은지, 당신이 누구이고 싶은지, 무엇을 지지하고 무엇을 믿는지 기술했다. 무엇이 당신을 행복하게

인생을 바꾸는 질문들

하는지는 오직 당신만이 안다. 당신 이외에 아무도 당신에게 무엇이 필요한지 말할 수 없다. 무엇이 당신에게 이롭고, 당신이 무엇을 좋아하고, 무엇이 당신에게 도움이 되는지 아무도 모른다. 바로 그래서 당신이 원하는 삶을 살려면 다른 사람의 말을 듣지 말고 스스로 결정해야 한다.

내 의지대로 살지 못하는 이유

내 의뢰인 대다수는 자기 결정적인 삶을 사느냐고 물으면 그렇다고 답한다. 그러나 다음에 소개한 셀프 테스트를 해 보면 종종 그 반대의 결과가 나온다. 대부분이 자기 결정적으로 살지 않고 과거나 사회 표준, 주변 환경에 자기를 맡기고 마음의 소리를 듣지 않는다.

당신이 얼마나 자기 결정적으로 사는지 확인해 보자. 질문에 답하기 전에 마음을 차분히 가라앉히고 자신에게 물어보아라.

나는 자기 결정적으로 사는가? 왜 그런가 또는 왜 그렇지 못한가?

_____

_____

_____

_____

_____

이제 다음 문장에 예 혹은 아니오로 답해라.

	예	아니오
현재 나의 삶에는 유년기의 경험이 강하게 주입되어 있다.	☐	☐
삶은 불공평하다.	☐	☐
목표 달성은 나와 나의 노력에만 달린 문제가 아니다.	☐	☐
수많은 의무 때문에 원하는 삶을 살기가 어렵다.	☐	☐
내 인생에서는 예상하지 못한 많은 일이 벌어진다.	☐	☐
모두에게 언제나 바르게 행동해야 한다고 생각한다.	☐	☐
일을 시작하려면 언제나 누군가 다른 사람이 필요하다.	☐	☐
다른 사람들이 나보다 더 잘 사는 것 같다.	☐	☐
나는 운이 별로 안 좋다.	☐	☐
내 실수를 용납하기가 힘들다.	☐	☐
결정을 내리기 전에 다른 사람에게 조언을 청한다.	☐	☐
장기적 계획은 세워 봐야 소용없다. 늘 중간에 돌발 사건이 생기기 때문이다.	☐	☐
내 삶의 책임이 오로지 내게만 있는 건 아니다.	☐	☐
혼자 결정을 내려야 하면 불안하다.	☐	☐
뭔가 설득을 당한 후에 나는 종종 두고두고 화가 난다.	☐	☐
나는 주로 다른 사람이 내게 기대하는 대로 행동한다.	☐	☐

합계 ___ ___

인생을 바꾸는 질문들

'예'라고 답한 문장이 네 개 이하라면 당신은 자기 결정적으로 산다는 뜻이다. 축하한다! 당신은 당신의 행복에 책임을 지고 자율권을 행사하며 산다. 만약 '예'라고 답한 문장이 다섯 개 이상이면 당신은 주변 환경과 외적 영향에 반응하며 수동적으로 사는 경향이 있다. 당신의 행동은 특정 규칙, 규범, 다른 사람의 의견, 과거 경험에 강하게 영향을 받고, 당신의 생각이나 소망과도 일치하지 않는다. 당신의 행동은 외부 자극에 대한 반작용일 뿐이고, 그것이 당신에게 부담을 준다.

자기 결정 기술, 마음 챙김, 자기 성찰, 행동 및 행동 유발자 탐색, 자신의 강점 및 약점 의식 등으로 자기 결정력을 강화하여 삶의 지휘권을 손에 쥘 수 있다.

당신은 비, 바람, 눈에 반응하고 그것에 맞춰 방향을 바꾸고 적응하는 풍향기가 아니다. 고유한 욕구, 의견, 경험을 가진 독립된 인격체다. 우리는 풍부한 가능성을 가졌고 자유롭고 안전한 나라에 산다. 숨 쉬는 것에 감사하자. 삶이 주어진 것에 감사하자. 모든 기회의 문이 열려 있는 시대에 살고 있음을 감사하자. 원한다면 당장 내일 비행기를 탈 수 있고, 마음만 먹으면 카리브해에서 살 수 있고, 당신을 괴롭히는 직장을 그만둘 수 있고, 당신에게 해로운 사람과 관계를 끊을 수 있고, 언제든지 새로운 사람을 수없이 사귈 수 있다. 당신에게는 아직 경험할 시간이 많이 남았다. 인생의 지휘봉은 당신 손에 있다. 그것을 명심해라. 어떤 것도 감수하거나 참을 필요가 없다. 무엇에 관용을 베풀고 무엇을 단호히 거절할지 결정할 수 있다.

무엇을 경험하고 싶은가? 늘 하고자 했으나 아직 하지 못한 일은 무엇인가? 꿈꿔 왔던 여행지는 어디인가? 유년기 혹은 청소년기의 꿈은 무엇이었나? 삶은

313

당신 손에 달렸으므로 스스로 결정하며 살아도 된다. 자기 결정적 삶을 믿는다면 스스로 주입한 핑계들은 힘을 잃는다. 오직 당신을 위해 미래에 유익한 결정만을 내려라. 명심해라. 언제나 당신을 행복하게 하는 결정을 내려라.

유년기나 청소년기의 꿈은 무엇이었나?

_____

_____

_____

_____

무엇을 경험하고 싶은가? 늘 꿈꿨으나 아직 하지 못한 일은 무엇인가?

_____

_____

_____

_____

왜 이 일을 아직 하지 못했나?

_____

_____

_____

_____

그 이유는 얼마나 타당한가?

_____

1   2   3   4   5   6   7   8   9   10

친구가 이런 이유를 댄다면 그것을 받아들일 수 있을까? 왜 그런가, 또는 왜 그렇지 않은가?

_____

_____

_____

이 일을 하려면 어떻게 해야 할까? 어떤 방법이 있을까?

_____

_____

_____

_____

　　여기서도 먼저 우리가 무엇을 원하는지 찾아야 한다. 그런 다음 지금의 상태와 실행하지 않은 이유를 물어야 한다. 그리고 마침내 실행하기 위해 무엇이 필요하고 어떤 방법이 있을지 찾아야 한다. 우선순위에 따라 즉시 실행 계획을 세우고 날짜를 정하고 점검해야 한다. 참고할 만한 계획을 부록에 모아 두었다.

　　이제 좀 더 깊이 들어가 셀프 테스트의 개별 평가 문장을 살펴보자. 하나하나 따져 묻고 그것의 기원과 사실성을 점검해 보자. 특히 '예'라고 대답한 평가에서 이 작업은 중요하다. 체계적으로 대답한다면 테스트의 다른 평가에서도 많은 것을 배우게 될 것이다.

가치관, 기본 관념, 견해를 이해하고 점검하고 바꾸기 위해 기본적인 질문들을 이용한다. 셀프 테스트의 모든 개별 평가에 다음과 같이 물어라.

- 이 평가에 해당하는 상황은 무엇인가?
- 이 평가는 내게 좋은 기분을 주는가?
- 어떤 생각이 떠오르는가?
- 이 생각이 사실인가?
- 나는 어떤 기분이 들고 그 결과 어떤 행동을 하는가?
- 이 평가가 계속해서 '사실'이기를 바라는가?
- 아니라면 이 평가를 어떻게 바꿔 내게 좋은 기분을 주게 할 수 있을까?

한 가지 예시를 들면 다음과 같다.

현재 나의 삶에는 유년기의 경험이 강하게 주입되어 있다.

이 평가에 해당하는 상황은 무엇인가?

어머니는 내게 항상 뭔가를 해내야 한다고 말했다. 지금보다 더 잘해야 한다고 했다. 이것이 지금도 여전히 내게 매우 강하게 영향을 미친다. 나의 완벽주의와 야망은 그렇게 생겨

났다. 나는 내 몸의 경고 신호를 종종 간과한다.

이 평가는 내게 좋은 기분을 주는가?

아니다. 나는 18년 동안 어머니로부터 같은 말을 들어서 그것이 강하게 주입되었다.

어떤 생각이 떠오르는가?

다른 사람보다 언제나 우수해야 한다. 모든 일을 완벽하게 해야 한다. 실수해서는 안 된다.

이 생각이 사실인가?

아니다. 나 역시 실수를 한다. 다만 실수를 인정하고 싶지 않아 회피하려 애쓸 뿐이다. 그러나 나는 이제 어른이고 각인된 생각과 행동을 의심하고 새롭게 바꿔도 된다.

나는 어떤 기분이 들고 그 결과 어떤 행동을 하는가?

나는 종종 한 가지 생각에 빠져 압박을 느끼고, 내가 나약하고 지쳤고 부족하다는 기분이 든다. 나는 에너지 드링크, 커피, 폭식 / 거식으로 내게 채찍질하고 취미나 친구, 가족을 등한시한다.

이 평가가 계속해서 '사실'이기를 바라는가?

아니다. 나는 행동과 생각을 바꾸고 싶다.

아니라면 이 평가를 어떻게 바꿔 내게 좋은 기분을 주게 할 수 있을까?

유년기에는 부모로부터 몇 가지를 배울 수 있었다. 그러나 이제부터는 내 삶을 살고 부모의 기본 관념이 내 삶에 영향을 미치게 두지 않을 것이다. 나는 실수를 해도 된다. 나는 휴식을 취할 자격이 있다. 나 자신을 돌보고 정신적, 육체적 건강에 더 많은 주의를 기울이고 싶다. 나는 오늘부터 자기 결정적 삶을 살 것이다.

셀프 테스트에서 '예'라고 대답한 문장뿐 아니라 '아니오'라고 대답한 문장도 예시처럼 점검하기를 바란다. 그 과정에서 당신은 자동화된 사고 습관을 알아차리고 어떨 때 자신이 강하고 안전하다고 느끼고 어떨 때 그렇지 않은 줄 알게 될 것이다. 특히 자기 결정의 유무가 다양한 영역에서 대조될 것이고, 미처 몰랐던 사각지대를 발견하고 당신 자신을 더 많이 알게 될 것이다. 자기 결정적 삶이란 행복 지휘권을 손에 들고 내 행복에 책임지고 그것을 위해 싸울 준비가 되었음을 뜻한다. 그러므로 시간을 충분히 두고 대답해라. 각각의 질문에 꼼꼼히 답하며 점검해 보자.

현재 나의 삶에는 유년기의 경험이 강하게 주입되어 있다.

이 평가에 해당하는 상황은 무엇인가?

_____

_____

_____

이 평가는 내게 좋은 기분을 주는가?

_____

_____

_____

어떤 생각이 떠오르는가?

_____

_____

_____

이 생각이 사실인가? 왜 그런가, 또는 왜 그렇지 않은가?

_____

_____

_____

_____

나는 어떤 기분이 들고 그 결과 어떤 행동을 하는가?

_____

_____

_____

_____

이 평가가 계속해서 '사실'이기를 바라는가? 왜 그런가?

_____

_____

_____

아니라면 이 평가를 어떻게 바꿔 내게 좋은 기분을 주게 할 수 있을까?

_____

_____

_____

삶은 불공평하다.

이 평가에 해당하는 상황은 무엇인가?

_____

_____

_____

이 평가는 내게 좋은 기분을 주는가?

_____

_____

_____

어떤 생각이 떠오르는가?

_____

_____

_____

이 생각이 사실인가? 왜 그런가, 또는 왜 그렇지 않은가?

_____

_____

_____

나는 어떤 기분이 들고 그 결과 어떤 행동을 하는가?

_____

_____

_____

이 평가가 계속해서 '사실'이기를 바라는가? 왜 그런가?

_____

_____

_____

_____

아니라면 이 평가를 어떻게 바꿔 내게 좋은 기분을 주게 할 수 있을까?

_____

_____

_____

목표 달성은 나와 나의 노력에만 달린 문제가 아니다.

이 평가에 해당하는 상황은 무엇인가?

_____

_____

_____

이 평가는 내게 좋은 기분을 주는가?

_____

_____

_____

어떤 생각이 떠오르는가?

_____

_____

_____

이 생각이 사실인가? 왜 그런가, 또는 왜 그렇지 않은가?

_____

_____

_____

나는 어떤 기분이 들고 그 결과 어떤 행동을 하는가?

_____

_____

_____

이 평가가 계속해서 '사실'이기를 바라는가? 왜 그런가?

_____

_____

_____

_____

아니라면 이 평가를 어떻게 바꿔 내게 좋은 기분을 주게 할 수 있을까?

_____

_____

_____

_____

9 ✛ 인생의 주인으로 살고 있는가?

수많은 의무 때문에 원하는 삶을 살기가 어렵다.

이 평가에 해당하는 상황은 무엇인가?

_____

_____

_____

이 평가는 내게 좋은 기분을 주는가?

_____

_____

_____

어떤 생각이 떠오르는가?

_____

_____

_____

이 생각이 사실인가? 왜 그런가, 또는 왜 그렇지 않은가?

_____

_____

_____

나는 어떤 기분이 들고 그 결과 어떤 행동을 하는가?

_____

_____

_____

이 평가가 계속해서 '사실'이기를 바라는가? 왜 그런가?

_____

_____

_____

아니라면 이 평가를 어떻게 바꿔 내게 좋은 기분을 주게 할 수 있을까?

_____

_____

_____

내 인생에서는 예상하지 못한 많은 일이 벌어진다.

이 평가에 해당하는 상황은 무엇인가?

_____

_____

_____

325

이 평가는 내게 좋은 기분을 주는가?

_____

_____

_____

어떤 생각이 떠오르는가?

_____

_____

_____

이 생각이 사실인가? 왜 그런가, 또는 왜 그렇지 않은가?

_____

_____

_____

_____

나는 어떤 기분이 들고 그 결과 어떤 행동을 하는가?

_____

_____

_____

_____

이 평가가 계속해서 '사실'이기를 바라는가? 왜 그런가?

_____

_____

_____

아니라면 이 평가를 어떻게 바꿔 내게 좋은 기분을 주게 할 수 있을까?

_____

_____

_____

모두에게 언제나 바르게 행동해야 한다고 생각한다.

이 평가에 해당하는 상황은 무엇인가?

_____

_____

_____

이 평가는 내게 좋은 기분을 주는가?

_____

_____

_____

9 + 인생의 주인으로 살고 있는가?

어떤 생각이 떠오르는가?

_____

_____

_____

이 생각이 사실인가? 왜 그런가, 또는 왜 그렇지 않은가?

_____

_____

_____

_____

나는 어떤 기분이 들고 그 결과 어떤 행동을 하는가?

_____

_____

_____

이 평가가 계속해서 '사실'이기를 바라는가? 왜 그런가?

_____

_____

_____

_____

아니라면 이 평가를 어떻게 바꿔 내게 좋은 기분을 주게 할 수 있을까?

_____

_____

_____

일을 시작하려면 언제나 누군가 다른 사람이 필요하다.

이 평가에 해당하는 상황은 무엇인가?

_____

_____

_____

이 평가는 내게 좋은 기분을 주는가?

_____

_____

어떤 생각이 떠오르는가?

_____

_____

_____

_____

이 생각이 사실인가? 왜 그런가, 또는 왜 그렇지 않은가?

_____

_____

_____

나는 어떤 기분이 들고 그 결과 어떤 행동을 하는가?

_____

_____

_____

이 평가가 계속해서 '사실'이기를 바라는가? 왜 그런가?

_____

_____

_____

_____

아니라면 이 평가를 어떻게 바꿔 내게 좋은 기분을 주게 할 수 있을까?

_____

_____

_____

_____

인생을 바꾸는 질문들

다른 사람들이 나보다 더 잘 사는 것 같다.

이 평가에 해당하는 상황은 무엇인가?

_____

_____

_____

이 평가는 내게 좋은 기분을 주는가?

_____

_____

_____

어떤 생각이 떠오르는가?

_____

_____

_____

이 생각이 사실인가? 왜 그런가, 또는 왜 그렇지 않은가?

_____

_____

_____

나는 어떤 기분이 들고 그 결과 어떤 행동을 하는가?

_____

_____

_____

이 평가가 계속해서 '사실'이기를 바라는가? 왜 그런가?

_____

_____

_____

아니라면 이 평가를 어떻게 바꿔 내게 좋은 기분을 주게 할 수 있을까?

_____

_____

_____

나는 운이 별로 안 좋다.

이 평가에 해당하는 상황은 무엇인가?

_____

_____

_____

이 평가는 내게 좋은 기분을 주는가?

_____

_____

_____

어떤 생각이 떠오르는가?

_____

_____

_____

이 생각이 사실인가? 왜 그런가, 또는 왜 그렇지 않은가?

_____

_____

_____

_____

나는 어떤 기분이 들고 그 결과 어떤 행동을 하는가?

_____

_____

_____

_____

이 평가가 계속해서 '사실'이기를 바라는가? 왜 그런가?

_____

_____

_____

아니라면 이 평가를 어떻게 바꿔 내게 좋은 기분을 주게 할 수 있을까?

_____

_____

_____

내 실수를 용납하기가 힘들다.

이 평가에 해당하는 상황은 무엇인가?

_____

_____

_____

이 평가는 내게 좋은 기분을 주는가?

_____

_____

_____

어떤 생각이 떠오르는가?

_____

_____

_____

이 생각이 사실인가? 왜 그런가, 또는 왜 그렇지 않은가?

_____

_____

_____

_____

나는 어떤 기분이 들고 그 결과 어떤 행동을 하는가?

_____

_____

_____

_____

이 평가가 계속해서 '사실'이기를 바라는가? 왜 그런가?

_____

_____

_____

9 + 인생의 주인으로 살고 있는가?

아니라면 이 진술을 어떻게 바꿔 내게 좋은 기분을 주게 할 수 있을까?

_____

_____

_____

결정을 내리기 전에 다른 사람에게 조언을 청한다.

이 평가에 해당하는 상황은 무엇인가?

_____

_____

_____

이 평가는 내게 좋은 기분을 주는가?

_____

_____

_____

어떤 생각이 떠오르는가?

_____

_____

_____

인생을 바꾸는 질문들

이 생각이 사실인가? 왜 그런가, 또는 왜 그렇지 않은가?

_____

_____

_____

나는 어떤 기분이 들고 그 결과 어떤 행동을 하는가?

_____

_____

_____

_____

이 평가가 계속해서 '사실'이기를 바라는가? 왜 그런가?

_____

_____

_____

아니라면 이 평가를 어떻게 바꿔 내게 좋은 기분을 주게 할 수 있을까?

_____

_____

_____

_____

337

장기적 계획은 세워 봐야 소용없다. 늘 중간에 돌발 사건이 생기기 때문이다.

이 평가에 해당하는 상황은 무엇인가?

_____

_____

_____

이 평가는 내게 좋은 기분을 주는가?

_____

_____

_____

어떤 생각이 떠오르는가?

_____

_____

_____

이 생각이 사실인가? 왜 그런가, 또는 왜 그렇지 않은가?

_____

_____

_____

인생을 바꾸는 질문들

나는 어떤 기분이 들고 그 결과 어떤 행동을 하는가?

_____

_____

_____

이 평가가 계속해서 '사실'이기를 바라는가? 왜 그런가?

_____

_____

_____

아니라면 이 평가를 어떻게 바꿔 내게 좋은 기분을 주게 할 수 있을까?

_____

_____

_____

내 삶의 책임이 오로지 내게만 있는 건 아니다.

이 평가에 해당하는 상황은 무엇인가?

_____

_____

_____

이 평가는 내게 좋은 기분을 주는가?

_____

_____

_____

어떤 생각이 떠오르는가?

_____

_____

_____

이 생각이 사실인가? 왜 그런가, 또는 왜 그렇지 않은가?

_____

_____

_____

_____

나는 어떤 기분이 들고 그 결과 어떤 행동을 하는가?

_____

_____

_____

_____

이 평가가 계속해서 '사실'이기를 바라는가? 왜 그런가?

_____

_____

_____

아니라면 이 평가를 어떻게 바꿔 내게 좋은 기분을 주게 할 수 있을까?

_____

_____

_____

혼자 결정을 내려야 하면 불안하다.

이 평가에 해당하는 상황은 무엇인가?

_____

_____

_____

이 평가는 내게 좋은 기분을 주는가?

_____

_____

_____

어떤 생각이 떠오르는가?

_____

_____

_____

이 생각이 사실인가? 왜 그런가, 또는 왜 그렇지 않은가?

_____

_____

_____

나는 어떤 기분이 들고 그 결과 어떤 행동을 하는가?

_____

_____

_____

_____

이 평가가 계속해서 '사실'이기를 바라는가? 왜 그런가?

_____

_____

_____

_____

인생을 바꾸는 질문들

아니라면 이 평가를 어떻게 바꿔 내게 좋은 기분을 주게 할 수 있을까?

_____

_____

_____

뭔가 설득을 당한 후에 나는 종종 두고두고 화가 난다.

이 평가에 해당하는 상황은 무엇인가?

_____

_____

_____

이 평가는 내게 좋은 기분을 주는가?

_____

_____

_____

어떤 생각이 떠오르는가?

_____

_____

_____

이 생각이 사실인가? 왜 그런가, 또는 왜 그렇지 않은가?

_____

_____

_____

나는 어떤 기분이 들고 그 결과 어떤 행동을 하는가?

_____

_____

_____

_____

이 평가가 계속해서 '사실'이기를 바라는가? 왜 그런가?

_____

_____

_____

아니라면 이 평가를 어떻게 바꿔 내게 좋은 기분을 주게 할 수 있을까?

_____

_____

_____

_____

나는 주로 다른 사람이 내게 기대하는 대로 행동한다.

이 평가에 해당하는 상황은 무엇인가?

_____

_____

_____

이 평가는 내게 좋은 기분을 주는가?

_____

_____

_____

어떤 생각이 떠오르는가?

_____

_____

_____

이 생각이 사실인가? 왜 그런가, 또는 왜 그렇지 않은가?

_____

_____

_____

9 + 인생의 주인으로 살고 있는가?

나는 어떤 기분이 들고 그 결과 어떤 행동을 하는가?

_____

_____

_____

이 평가가 계속해서 '사실'이기를 바라는가? 왜 그런가?

_____

_____

_____

아니라면 이 평가를 어떻게 바꿔 내게 좋은 기분을 주게 할 수 있을까?

_____

_____

_____

매우 강도 높은 연습이었을 테고, 답을 쓰기도 무척 힘들었을 것이다. 자신의 진짜 생각을 마주하여 용감하게 질문하고 대답하기란 매우 힘겨운 일이다. 당신이 이 연습을 마쳤다는 사실만으로도 의지와 강함이 증명되었다. 자부심을 느끼며 스스로 어깨를 토닥이고 칭찬해도 된다(말 그대로 정말로 어깨를 토닥여 주어라! 그것이 얼마나 기분 좋은 일인지 확인하게 될 것이다).

무의식적 기본 관념을 작업하는 강도 높은 연습을 끝냈으니 이제 이 연습을 통해 무엇을 알게 되었는지 기록해 보자. 앞에 쓴 내용을 다시 한번 훑어보고 결론을 적어도 된다.

_____

_____

_____

_____

_____

_____

_____

_____

_____

_____

_____

_____

_____

_____

_____

_____

_____

_____

10

원하는 것을
얻기 위해 노력하는가?

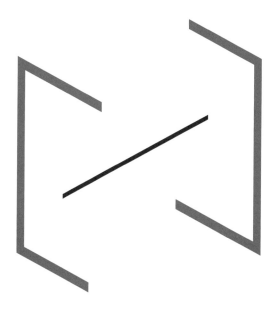

"무無에서 유有를 창조할 수는 없다." 이 말은 직장 생활뿐 아니라 개인의 삶에도 적용된다. 아무것도 하지 않으면 아무것도 얻을 수 없다. 행복을 원하면 행복을 얻을 수 있는 길을 걸어야 한다. 행복이 저절로 찾아올 거라는 막연한 희망은 버려라. 행복 호르몬조차 저절로 생기지 않는다. 성공, 지식, 건강, 운동의 경우 아무것도 하지 않으면 아무것도 얻을 수 없음을 모두 알 것이다. 그러나 행복과 만족의 맥락에서 이 말을 떠올리는 사람은 거의 없다.

일부러 무의미한 시간을 보낼 필요가 있다. 성취해야 할 목표 없이 그저 즐거움을 위해 오직 자기 자신을 위해 뭔가를 하는 시간. 살아 있음을 느낄 수 있는 시간. 일부러 시간을 허비해라. 흘러가는 대로 그냥 두어라. 당신에게 기쁨을 주고 하루를 멋지게 만드는 일을 매일 찾아라. 인식의 초점을 거기에 맞추고 열심히 찾으면 결국 발견할 것이다.

4장에서 이미 알게 되었듯이 인생에서 휴식과 이완은 필수 요소다. 또한 스트레스가 오로지 부정적인 것만은 아니다. 스트레스는 삶에 중요하다. 스트레스를 통해 에너지를 얻을 수 있기 때문이다. 그러므로 우리는 이제 에너지 충전소와 휴식 오아시스를 찾아 나설 것이고 반드시 찾아낼 것이다. 전해지는 오랜 전략들을 배우고 새로운 영감을 많이 얻을 것이다.

당신에게 기쁨을 주고 휴식을 주는 활동들을 찾아내 기록해라. 긍정적 감정을 일으키는 활동, 목표나 실적 압박 없이 하는 활동, 이런 활동을 이용하면 두려

351

움이나 스트레스를 파괴적 방법으로 처리하지 않을 수 있다. 휴식이 필요하거나 에너지 충전이 간절할 때 쉽게 꺼내 쓸 수 있도록 목록을 만들어 둬라.

매일 기쁨을 느끼기 위한 계획을 세워라. 가능한 한 자주 황홀경에 빠지고 기쁨을 느끼며 행복하게 사는 것을 목표로 삼아라. 생각이나 상상만으로도 행복을 느낄 수 있다. 주말에 잡힌 즐거운 활동을 상상하며 기대하고 설레기만 해도 벌써 행복하다.

스트레스를 받거나 불행하다고 생각하는 의뢰인들에게 나는 종종 묻는다. "무엇을 하면 기쁜가요?" 대다수가 이 질문에 선뜻 답하지 못한다. 대개 이렇게 답한다. "글쎄요. 모르겠어요." 놀랍게도 자기 자신에 대해 모르는 사람이 너무 많다. "무엇을 할 때 기쁩니까? 무엇이 당신에게 휴식을 줍니까? 무엇이 당신을 웃게 합니까? 어디에 있을 때 마음이 가장 편합니까? 당신에게 의욕을 불어넣는 것은 무엇입니까? 무엇이 당신을 울게 합니까?" 이런 단순한 질문에 답하지 못하는 사람이 너무 많다.

자기 삶의 지휘권을 가지려면 먼저 자기 자신을 알아야 한다. 자신이 무엇을 좋아하고, 무엇을 하면 즐겁고 무엇이 휴식과 기쁨을 주는지 알지 못한다면 힘든 시기나 상황이 되었을 때 그것들을 활용할 수 없다. 그러나 당신이 어떤 유머를 좋아하고 어디에서 그런 유머를 만날 수 있는지 정확히 안다면 거의 매 순간 넘치는 기쁨에 배와 뺨이 아플 정도로 웃을 수 있다. 무엇이 이완을 주고 머리를 비울 수 있게 하는지 안다면 생각한 대로 되지 않은 힘든 하루 뒤에 긴장을 풀고 머리를 식히는 데 그것을 활용할 수 있다.

무엇을 할 때 기쁜가?

_____

_____

_____

_____

_____

무엇이 내게 휴식을 주는가?

_____

_____

_____

_____

_____

무엇이 나를 웃게 하는가?

_____

_____

_____

_____

_____

10 ✛ 원하는 것을 얻기 위해 노력하는가?

어떨 때 진정한 나를 느끼는가?

_____

_____

_____

_____

_____

무엇이 나의 어떤 감각을 자극하는가?

_____

_____

_____

_____

_____

어디에 있을 때 마음이 가장 편한가?

_____

_____

_____

_____

_____

인생을 바꾸는 질문들

무엇이 내게 의욕을 불어넣는가?

_____

_____

_____

_____

무엇이 나를 울게 하는가?

_____

_____

_____

_____

_____

행복한 삶도 연습이 필요하다. 마라톤, 턱걸이, 수학, 외국어와 똑같다.

무엇을 할 때 기쁘고, 언제 어디서 누구와 있을 때 마음이 편한지에 늘 주의를 기울이고 인식하면 그것을 재생산하거나 필요할 때 꺼내 쓰기가 훨씬 쉽다. 그러니 언제 어떤 감정을 느끼는지 인식하고 그것의 방아쇠를 찾아내라. 거실 소파에 앉아 기분이 좋아질 때까지 기다려 봐야 아무 소용이 없을 것이기 때문이다. 즐거움 역시 능동적으로 찾아내야 한다. 명심해라. 무에서 유를 창조할 수는 없다.

지난 한 달을 어떻게 보냈는가?

_____

_____

_____

_____

특별히 멋진 경험이 있었나?

_____

_____

_____

_____

목표 없는 무의미한 시간을 보낸 적이 있는가?

_____

_____

_____

여가 활동에 나는 만족하나?

_____

_____

_____

인생을 바꾸는 질문들

뭔가 부족한 것이 있는가?

_____

_____

_____

_____

_____

목표가 무엇이든, 삶에서 구체적으로 바꾸고 싶은 게 무엇이든, 당신은 그것을 능동적으로 실행하고 실현할 수 있다.

좋은 에너지를 주는 활동 찾기

스트레스로 점철된 일상은 몸을 끊임없는 긴장과 전투 상태에 놓이게 한다. 스트레스 일상 속에서도 건강을 유지하려면 그것에 대적할 방책이 필요하다. 한편으로 스트레스가 끌어모은 에너지를 누그러뜨려야 하고 다른 한편으로 긍정적 스트레스, 즉 유스트레스를 유발하고 자극할 에너지원을 찾아야 한다. 유스트레스와 휴식을 주는 활동은 삶의 질을 높인다. 다음에 유스트레스 활동 목록이 있다. 당신에게 맞는 활동을 찾아보자.

유스트레스 활동은 선택이 아니다. 장기적으로 번아웃이나 자율 신경 장애,

357

신체의 경보 오류를 막기 위해 반드시 해야 하는 필수 활동이다. 부정적 스트레스, 즉 디스트레스가 끌어모은 긴장을 풀어 주면서 좋은 에너지를 불러낼 수 있는 활동들을 모아두었다. 오랫동안 잊고 살았던 취미를 다시 기억해 내고, 행복감을 주는 새로운 활동들을 찾는 데 영감을 얻을 수 있을 것이다.

	이 활동을 얼마나 좋아하나?			나는 이 활동을 얼마나 자주 하나?		
	1= 매우	2= 보통	3= 전혀	1= 종종	2= 이따금	3= 드물게
산책	☐	☐	☐	☐	☐	☐
멋진 옷 입기	☐	☐	☐	☐	☐	☐
음악 감상	☐	☐	☐	☐	☐	☐
수공예	☐	☐	☐	☐	☐	☐
다른 사람 기쁘게 하기	☐	☐	☐	☐	☐	☐
달리기	☐	☐	☐	☐	☐	☐
콘서트 방문	☐	☐	☐	☐	☐	☐
새로운 사람 사귀기	☐	☐	☐	☐	☐	☐
낯선 장소 탐색하기	☐	☐	☐	☐	☐	☐
다음 휴가 계획하기	☐	☐	☐	☐	☐	☐
드라이브	☐	☐	☐	☐	☐	☐
햇볕 쬐기	☐	☐	☐	☐	☐	☐
미래 설계하기	☐	☐	☐	☐	☐	☐

	1= 매우	2= 보통	3= 전혀	1= 종종	2= 이따금	3= 드물게
큰 소리로 노래하기	☐	☐	☐	☐	☐	☐
다른 사람 돕기	☐	☐	☐	☐	☐	☐
요리	☐	☐	☐	☐	☐	☐
동물 구경하기	☐	☐	☐	☐	☐	☐
동호회 활동	☐	☐	☐	☐	☐	☐
집에서 영화 보기	☐	☐	☐	☐	☐	☐
아이스크림 먹기	☐	☐	☐	☐	☐	☐
문제의 해결책 찾기	☐	☐	☐	☐	☐	☐
독서	☐	☐	☐	☐	☐	☐
미용실 가기	☐	☐	☐	☐	☐	☐
낱말 퍼즐 풀기	☐	☐	☐	☐	☐	☐
뜨개질하기	☐	☐	☐	☐	☐	☐
마사지 받기	☐	☐	☐	☐	☐	☐
강연 듣기	☐	☐	☐	☐	☐	☐
몽상하기	☐	☐	☐	☐	☐	☐
자기 성찰하기	☐	☐	☐	☐	☐	☐
외식	☐	☐	☐	☐	☐	☐
개 산책	☐	☐	☐	☐	☐	☐
일기 쓰기	☐	☐	☐	☐	☐	☐
케이크 만들기	☐	☐	☐	☐	☐	☐
낮잠 자기	☐	☐	☐	☐	☐	☐

10 ✦ 원하는 것을 얻기 위해 노력하는가?

	1= 매우	2= 보통	3= 전혀	1= 종종	2= 이따금	3= 드물게
캠핑	☐	☐	☐	☐	☐	☐
부모/조부모 방문	☐	☐	☐	☐	☐	☐
외국어 공부	☐	☐	☐	☐	☐	☐
추억 떠올리기	☐	☐	☐	☐	☐	☐
수집하기	☐	☐	☐	☐	☐	☐
카드놀이	☐	☐	☐	☐	☐	☐
TV 시청	☐	☐	☐	☐	☐	☐
라디오 청취	☐	☐	☐	☐	☐	☐
늦잠 자기	☐	☐	☐	☐	☐	☐
축제 즐기기	☐	☐	☐	☐	☐	☐
사진 찍기	☐	☐	☐	☐	☐	☐
사람 관찰하기	☐	☐	☐	☐	☐	☐
그림 그리기	☐	☐	☐	☐	☐	☐
골프	☐	☐	☐	☐	☐	☐
동물 쓰다듬기	☐	☐	☐	☐	☐	☐
소풍	☐	☐	☐	☐	☐	☐
등산	☐	☐	☐	☐	☐	☐
혼자 있기	☐	☐	☐	☐	☐	☐
악기 연주	☐	☐	☐	☐	☐	☐
흥미로운 대화하기	☐	☐	☐	☐	☐	☐
뜨거운 물로 목욕하기	☐	☐	☐	☐	☐	☐

인생을 바꾸는 질문들

	1= 매우	2= 보통	3= 전혀	1= 종종	2= 이따금	3= 드물게
전화 통화	☐	☐	☐	☐	☐	☐
친구 초대	☐	☐	☐	☐	☐	☐
명상	☐	☐	☐	☐	☐	☐
영화관에서 영화 보기	☐	☐	☐	☐	☐	☐
보드게임	☐	☐	☐	☐	☐	☐
별 보기	☐	☐	☐	☐	☐	☐
옛날 사진 보기	☐	☐	☐	☐	☐	☐
여행	☐	☐	☐	☐	☐	☐
수영	☐	☐	☐	☐	☐	☐
새로운 가수와 노래 찾기	☐	☐	☐	☐	☐	☐
자전거 타기	☐	☐	☐	☐	☐	☐
새로운 음식 먹어 보기	☐	☐	☐	☐	☐	☐
시합하기	☐	☐	☐	☐	☐	☐
전시회 관람	☐	☐	☐	☐	☐	☐
조언하기	☐	☐	☐	☐	☐	☐
사우나/적외선/태닝	☐	☐	☐	☐	☐	☐
토론/철학	☐	☐	☐	☐	☐	☐
쇼핑(식료품/옷/전자 제품 등)	☐	☐	☐	☐	☐	☐
편지 쓰기	☐	☐	☐	☐	☐	☐
플리 마켓 구경하기	☐	☐	☐	☐	☐	☐
크게 웃기	☐	☐	☐	☐	☐	☐

	1= 매우	2= 보통	3= 전혀	1= 종종	2= 이따금	3= 드물게
자연 관찰	☐	☐	☐	☐	☐	☐
정돈/청소	☐	☐	☐	☐	☐	☐
사진 정리하기	☐	☐	☐	☐	☐	☐
맨발로 걷기	☐	☐	☐	☐	☐	☐
포옹하기	☐	☐	☐	☐	☐	☐
과제 끝내기	☐	☐	☐	☐	☐	☐
공놀이	☐	☐	☐	☐	☐	☐
보트 타기	☐	☐	☐	☐	☐	☐
화초 가꾸기/채소 키우기	☐	☐	☐	☐	☐	☐
소망 기록하기	☐	☐	☐	☐	☐	☐
높은 전망대에 오르기	☐	☐	☐	☐	☐	☐
그네/시소/미끄럼 타기	☐	☐	☐	☐	☐	☐
스포츠 응원하기	☐	☐	☐	☐	☐	☐
공연 관람하기	☐	☐	☐	☐	☐	☐
늦게까지 깨어 있기	☐	☐	☐	☐	☐	☐
바느질	☐	☐	☐	☐	☐	☐
신문/잡지 읽기	☐	☐	☐	☐	☐	☐
옛 친구 다시 만나기	☐	☐	☐	☐	☐	☐
내년을 위한 멋진 계획 세우기	☐	☐	☐	☐	☐	☐
낚시	☐	☐	☐	☐	☐	☐
새로운 분야 공부하기	☐	☐	☐	☐	☐	☐

	1= 매우	2= 보통	3= 전혀	1= 종종	2= 이따금	3= 드물게
차 마시기	☐	☐	☐	☐	☐	☐
요가/스트레칭	☐	☐	☐	☐	☐	☐
봉사 활동	☐	☐	☐	☐	☐	☐
비 맞으며 산책하기	☐	☐	☐	☐	☐	☐
일부러 더럽히기	☐	☐	☐	☐	☐	☐
벽/가구 페인트칠하기	☐	☐	☐	☐	☐	☐
선물하기	☐	☐	☐	☐	☐	☐
농담을 듣거나 말하기	☐	☐	☐	☐	☐	☐
춤추기	☐	☐	☐	☐	☐	☐
	☐	☐	☐	☐	☐	☐
	☐	☐	☐	☐	☐	☐
	☐	☐	☐	☐	☐	☐
	☐	☐	☐	☐	☐	☐

표의 빈 칸에 당신이 원하는 활동들을 추가해라. 그러나 이보다 새로운 표를 직접 만들어 당신이 가장 좋아하는 활동과 당신에게 힘, 에너지, 기쁨, 소속감, 인정, 긴장과 해소, 평안하게 해 주는 활동을 기록하는 것이 가장 좋다. 이 표를 벽에 걸거나 당신에게 특별한 장소에 보관해라. 즐거움, 기쁨, 기분 전환, 휴식, 이완이 필요할 때 언제든지 이 표를 보고, 그 순간 가장 하고 싶은 활동을 선택해라. 늘 똑

10 ✦ 원하는 것을 얻기 위해 노력하는가?

같은 활동이 통하는 건 아니기 때문이다. 예를 들어 어제는 넷플릭스 보기가 휴식을 주었더라도 오늘도 휴식을 주진 않는다. 표를 훑어보는 것만으로도 기분이 좋아지고 긍정적 자극과 흥분이 느껴질 것인데, 당신이 좋아하는 활동들이 거기 모두 모여 있기 때문이다.

어떤 활동을 읽을 때 기분이 좋아졌나?

_____

_____

_____

_____

어떤 활동을 해 보고 싶은가?

_____

_____

_____

_____

어떤 활동을 지금 내 일상에 추가하고자 하는가?

_____

_____

_____

_____

얼마나 자주, 언제, 어디에서 이 활동을 할 수 있을까?

_____

_____

_____

_____

_____

실행을 방해할 수 있는 걸림돌은 무엇일까?

_____

_____

_____

_____

_____

모든 걸림돌에도 불구하고 실행할 수 있으려면 어떻게 해야 할까?

_____

_____

_____

_____

_____

_____

행복은 전염된다

나눌수록 늘어나는 것은 단 하나뿐이다. 그것은 바로 행복이다. 당신은 당신 자신과 다른 사람이 더 만족스럽고 충만한 삶을 살도록 도울 수 있다. 방법을 알고 싶은가? 그렇게 할 수 있다고 믿으면 된다! 모두가 더 행복해질 수 있는데 안 할 이유가 없지 않겠나?

1980년대에 흥미로운 실험이 있었다. 공중전화의 거스름돈 칸에 동전 하나를 남겨 두었다. 모두가 통화 뒤에 거스름돈 칸을 확인했다. 그곳에서 동전을 발견한 사람들은 기뻐했다. 그들이 길을 걷는데, 갑자기 한 여인이 그들 앞에서 넘어졌다. 이 여인은 실험을 위해 투입된 사람으로, 누군가 공중전화 부스에서 나오면 계속해서 넘어졌다. 얼마나 많은 사람이 이 여인을 일으켜 주었을까? 동전을 발견한 것이 영향을 미쳤을까? 동전을 발견한 비자발적 실험 참가자들은 동전을 발견하지 못한 사람들과 다르게 행동했을까? 동전을 발견한 사람들이 네 배 더 친절했다! 네 배 더 많은 사람이 넘어진 여인을 일으켜 주었다. 방금 발견한 동전에서 생긴 행복감이 친절을 유발했다. 기분이 좋으면 친절해진다.

당신이 미소를 보내면 사람들도 똑같이 당신에게 미소를 보낼 것이다. 당신이 다른 사람을 도우면 그들 역시 당신에게 친절을 베푼다. 행운을 얻어 기분이 좋아지면 행운의 일부를 기꺼이 다른 사람들에게 나눠 준다. 그것이 다시 다른 사람의 기분을 좋게 하고, 그렇게 좋은 감정은 계속해서 전달되고 확산한다. 마치 전염병이 퍼지듯이. 그러나 좋은 감정은 전염병과 달리 절대 고통을 주지 않는다. 오직 사람들의 기분을 좋게 한다.

인생을 바꾸는 질문들

몇 달 전에 길에서 만난 한 낯선 여인이 내 신발을 칭찬했다. 그 뒤로 몇 시간 동안 나는 기분이 좋았고 자신감과 의욕이 넘쳤다. 한마디로 나는 행복했다. 웬만한 문제로는 나의 기분을 망칠 수 없었다. 작은 칭찬 하나가 누군가의 기분을 온종일 좋게 했다. 이런 '행복 전염병'은 쉽게 번질 수 있다. 선행과 친절은 돌아온다. 행복을 나누면 더 행복해진다. 기쁨을 주면 더 기뻐진다.

한 달에 한 번 행복 바이러스를 퍼트릴 준비가 되었는가? 이것은 매우 경제적인데, 몇 분만 투자해도 그 효력은 몇 시간 며칠씩 간다. 매주 한 가지씩 누군가를 칭찬해라. 매달 한 명씩 도와라. 더 자주 해도 좋다. 목표는 다른 사람의 일상이 더 편해지도록 적극적으로 노력하는 것이다. 당신은 다른 사람에게 감동과 감격을 선사하는 긍정적 모범이 될 뿐 아니라 당신 자신도 더 행복해질 것이다.

어떻게 하면 다른 사람에게 기쁨을 선물할 수 있을까?

_____

_____

누구를 기쁘게 할 수 있을까?

_____

_____

그 후 어떤 기분이 들까?

_____

10 ✦ 원하는 것을 얻기 위해 노력하는가?

어떻게 하면 이것을 일상으로 만들 수 있을까?

_____

_____

_____

_____

    긍정적 연쇄 작용은 도움에 감사할 때도 이어질 수 있다. 도움받는 것 자체를 힘들어하는 사람들이 의외로 많다. 그들은 마음의 빚을 지는 게 싫어 도움에는 반드시 뭔가를 지불하거나 보답하고자 한다. 앞으로 다음과 같이 대답하면 어떨까? "감사해요. 저는 도움의 대가로 아무것도 받고 싶지 않아요. 그 대신 다른 누군가를 도와주면 어떨까요? 그것이 내게는 최고의 감사 표현이에요. 누군가 당신의 도움이 필요한 사람을 도와주세요." 그것이 어떤 효력을 낼지 상상해 보아라! 우리 사회가 얼마나 친절하고 상냥하고 개방적으로 바뀌겠는가!

    당신은 분명 새로운 활동을 아주 많이 일상에 추가하고 싶으리라. 그런 당신을 위해 표를 하나 만들어 두었다. 이것은 한편으로 목표 달성, 긍정적 기본 관념, 휴식 및 에너지 충전을 위한 방책이 될 테고 다른 한편으로 당신이 능동적으로 실수를 하고 정기적으로 당신의 생각을 기록하도록 이끌어 줄 것이다. 당신은 분명 아주 많은 것을 결심했을 것이다. 그 모든 것이 기본적으로 좋고 당신을 발전시킬 테지만 처음 시작하는 것은 너무 많고 한눈에 조망하기도 어려울 것이다.

    여기 예시가 있으니 참고하기를 바란다.

인생을 바꾸는 질문들

	월	화	수	목	금	토	일
나 칭찬하기(1일 1회)	☑	☑	☐	☑	☑	☑	☐
거울 보며 미소 짓기(1일 1회)	☑	☑	☐	☑	☑	☑	☐
긍정적 기본 관념 읽기(1일 1회)	☑	☐	☐	☑	☑	☐	☑
운동(주 3회)	☑	☐	☑	☐	☐	☐	☐
친구와 연락하기(주 2회)	☐	☐	☐	☑	☑	☐	☐
자연 만나기(주 1회)	☐	☐	☐	☐	☐	☑	☑
미래 계획 세우기(주 1회)	☐	☐	☐	☐	☑	☐	☐
뜨거운 물 목욕(주 1회)	☐	☐	☐	☐	☐	☐	☑
담배 줄이기	☐	☐	☐	☑	☐	☐	☑
의식적으로 천천히 걷기	☐	☐	☐	☑	☐	☐	☑
호흡 운동	☐	☐	☐	☑	☐	☐	☑

이제 다음의 표에 해야 할 일 리스트를 작성하고 실행한 뒤에 체크해라. 실천하지 못했을 때 어떤 기분이 들고, 성공적으로 실행한 뒤 체크할 때 어떤 기분이 드는지 확인하게 될 것이다. 체크하면서 성공적인 활동과 당신의 성장을 눈으로 확인한다. 앞으로도 계속 체크를 할 수 있도록 노력할 것이고 더 믿음직한 사람이 될 것이다. 인간은 원래 완성을 좋아하고 미완이면 마음이 불편하기 때문이다. 부록에 다양한 활동과 목표를 모아 두었으니 해야 할 일 리스트를 작성할 때 참고하기를 바란다.

월	화	수	목	금	토	일
☐	☐	☐	☐	☐	☐	☐
☐	☐	☐	☐	☐	☐	☐
☐	☐	☐	☐	☐	☐	☐
☐	☐	☐	☐	☐	☐	☐
☐	☐	☐	☐	☐	☐	☐
☐	☐	☐	☐	☐	☐	☐
☐	☐	☐	☐	☐	☐	☐
☐	☐	☐	☐	☐	☐	☐
☐	☐	☐	☐	☐	☐	☐
☐	☐	☐	☐	☐	☐	☐
☐	☐	☐	☐	☐	☐	☐
☐	☐	☐	☐	☐	☐	☐
☐	☐	☐	☐	☐	☐	☐
☐	☐	☐	☐	☐	☐	☐
☐	☐	☐	☐	☐	☐	☐
☐	☐	☐	☐	☐	☐	☐
☐	☐	☐	☐	☐	☐	☐
☐	☐	☐	☐	☐	☐	☐
☐	☐	☐	☐	☐	☐	☐
☐	☐	☐	☐	☐	☐	☐

인생을 바꾸는 질문들

	월	화	수	목	금	토	일
	☐	☐	☐	☐	☐	☐	☐
	☐	☐	☐	☐	☐	☐	☐
	☐	☐	☐	☐	☐	☐	☐
	☐	☐	☐	☐	☐	☐	☐
	☐	☐	☐	☐	☐	☐	☐
	☐	☐	☐	☐	☐	☐	☐
	☐	☐	☐	☐	☐	☐	☐
	☐	☐	☐	☐	☐	☐	☐
	☐	☐	☐	☐	☐	☐	☐
	☐	☐	☐	☐	☐	☐	☐
	☐	☐	☐	☐	☐	☐	☐
	☐	☐	☐	☐	☐	☐	☐
	☐	☐	☐	☐	☐	☐	☐
	☐	☐	☐	☐	☐	☐	☐
	☐	☐	☐	☐	☐	☐	☐
	☐	☐	☐	☐	☐	☐	☐
	☐	☐	☐	☐	☐	☐	☐
	☐	☐	☐	☐	☐	☐	☐
	☐	☐	☐	☐	☐	☐	☐
	☐	☐	☐	☐	☐	☐	☐
	☐	☐	☐	☐	☐	☐	☐

10 ✦ 원하는 것을 얻기 위해 노력하는가?

| 나오며 |

답은 오직 당신만이 알고 있다

이 책이 당신에게 새로운 사고방식과 풍부한 지식을 전달했기를 바란다. 당신에게 정말로 도움이 되었기를 바란다. 이 책을 통해 자신을 더 많이 알게 되었고, 활력의 원천을 발견했으며, 성공의 열쇠인 올바른 질문을 던질 수 있게 되었기를 진심으로 바란다. 또한 즐거운 독서였고 가능한 한 많은 전략을 실천하고 다른 사람에게도 널리 알려 당신의 삶뿐 아니라 다른 사람의 삶도 행복하게 바꿀 수 있기를 바란다.

이제 마지막으로 편안히 앉아 20분 동안 깊이 생각해 보아라. 가장 중요한 깨달음은 무엇이었나? 어떤 전략을 성공적으로 실행했고 더 시도해 보고자 하는 전략은 무엇인가? 기록하기 전에 먼저 깊이 생각해라. 생각을 정리해라. 다시 책장을 넘기며 작성한 대답을 훑어보아라. 마음에 가장 와닿는 질문과 대답에 형광펜으로 표시해라. 표시된 내용의 연관성, 패턴, 공통점을 찾아라. 그렇게 다시 한 번 내용을 마음에 새기고 삶에 잘 통합하고 안착시킬 수 있으리라.

다른 사람들은 말할 것이다. "변하셨네요!"
마치 당신이 변하지 않으려 애썼지만 결국 변하고 말았다는 듯 애석해하면서.

이 책에서 무엇을 얻을 수 있을까?

인생을 바꾸는 질문들

성공을 기원합니다.

자브리나 플라이슈

삶의 기둥

가족

| 1 | 2 | 3 | 4 | 5 |

친구

| 1 | 2 | 3 | 4 | 5 |

연인

| 1 | 2 | 3 | 4 | 5 |

직업

| 1 | 2 | 3 | 4 | 5 |

건강

| 1 | 2 | 3 | 4 | 5 |

나

| 1 | 2 | 3 | 4 | 5 |

목표 파이

1 _____   4 _____

2 _____   5 _____

3 _____   6 _____

전략 계획

현재	
목표	
방책	
왜 이것을 하는가(유용성)?	
언제?	
어떻게?	
얼마나 자주?	
성과	

현재	
목표	
방책	
왜 이것을 하는가(유용성)?	
언제?	
어떻게?	
얼마나 자주?	
성과	

현재	
목표	
방책	
왜 이것을 하는가(유용성)?	
언제?	
어떻게?	
얼마나 자주?	
성과	

현재	
목표	
방책	
왜 이것을 하는가(유용성)?	
언제?	
어떻게?	
얼마나 자주?	
성과	

인생을 바꾸는 질문들

ABC 방법

바꾸고 싶은 사고 습관

_____

1단계: 억압적 사고 인지하기

방아쇠 구실을 하는 사건(A): _____

평가(B): _____

결과(C): _____

2단계: 비판적으로 점검하기

이 생각이 유익한가?

_____

이 생각이 100% 사실인가?

_____

왜 그런가(근거 세 가지를 적어라)?

_____

_____

_____

이 생각을 하면 기분은 어떤가?

_____

이 생각을 하지 않으면 기분은 어떤가?

_____

3단계: 대안이 되는 유익한 생각 찾아내기

_____

_____

평가

평가

_____

내가 내린 상황 평가가 사실과 일치하는가?

_____

그것이 정말 맞는가 아니면 내 생각에 불과한가?

_____

_____

이 평가는 어디에서 비롯되었는가? 누군가에게서 배웠나? 이와 관련된 부정적 경험을
한 적이 있는가?

_____

_____

_____

_____

이 평가가 지금도 여전히 맞는가? 새롭게 점검하고 평가해도 될까? 어떻게 점검할 수 있
을까?

_____

_____

_____

이 평가는 내게 좋은 기분을 주는가?

_____

_____

_____

어떤 생각이 떠오르는가?

_____

_____

_____

이 생각이 사실인가? 왜 그런가, 또는 왜 그렇지 않은가?

_____

_____

_____

_____

나는 어떤 기분이 들고 그 결과 어떤 행동을 하는가?

_____

_____

_____

_____

이 평가가 계속 '사실'이기를 바라는가? 왜 그런가?

_____

_____

_____

아니라면 이 평가를 어떻게 바꿔 내게 좋은 기분을 주게 할 수 있을까?

_____

_____

_____

내면 분석

기분은 어떤가?

_____

_____

나만의 리듬을 고려하는가?

_____

_____

내가 지금 무엇을 원하는지 아는가? 무엇이 필요한가?

_____

_____

_____

385

이 기분을 밖으로 표현하는가?

_____

_____

내 몸은 내게 어떤 메시지를 주는가?

_____

_____

외면 분석

현재 개인적으로 힘든 일은 무엇인가?

_____

_____

현재 직장에서 힘든 일은 무엇인가?

_____

_____

나 스스로 나를 힘들게 하는가? 나의 목표와 요구는 현실적인가?

_____

인생을 바꾸는 질문들

사회적 관계에 소홀한가?

_____

_____

일과 삶의 균형을 유지하는가?

_____

_____

오늘 나를 위해 어떤 좋은 일을 했는가? 어제는 무엇을 했고, 그제는 무엇을 했는가?

_____

_____

_____

스트레스 해소를 위해 술, 담배, 섹스 혹은 그 비슷한 일을 남용하나?

_____

_____

_____

지금 무엇을 바꾸고 싶은가?

_____

_____

_____

삶의 질

		1 매우 좋다	2 좋다	3 중간이다	4 나쁘다	5 아주 나쁘다
육체적 평안	섭식	☐	☐	☐	☐	☐
	수면	☐	☐	☐	☐	☐
	육체적 건강	☐	☐	☐	☐	☐
	에너지·활기	☐	☐	☐	☐	☐
	중독으로부터의 안전	☐	☐	☐	☐	☐
마음의 평안	즐길 수 있는 능력	☐	☐	☐	☐	☐
	행복감	☐	☐	☐	☐	☐
	외모	☐	☐	☐	☐	☐
	자기 수용	☐	☐	☐	☐	☐
	자기애	☐	☐	☐	☐	☐
	마음의 여유	☐	☐	☐	☐	☐
	기억력	☐	☐	☐	☐	☐

인생을 바꾸는 질문들

자기 결정권	업무 만족도	☐	☐	☐	☐	☐
	활동	☐	☐	☐	☐	☐
	적응력·유연성	☐	☐	☐	☐	☐
	실천력	☐	☐	☐	☐	☐
	통제	☐	☐	☐	☐	☐
	자신감	☐	☐	☐	☐	☐
사회적 관계	친구	☐	☐	☐	☐	
	연인	☐	☐	☐	☐	
	긍정적 성생활	☐	☐	☐	☐	
생활 조건	주거	☐	☐	☐	☐	☐
	재정	☐	☐	☐	☐	☐
	자유	☐	☐	☐	☐	☐
	교육·지식	☐	☐	☐	☐	☐
	주변환경	☐	☐	☐	☐	☐
의미 충족	목표	☐	☐	☐	☐	☐
	가치	☐	☐	☐	☐	☐
	삶의 가치관	☐	☐	☐	☐	☐
	성공 경험	☐	☐	☐	☐	☐
	인정·칭찬	☐	☐	☐	☐	☐

행복을 위해 할 일

월	화	수	목	금	토	일
☐	☐	☐	☐	☐	☐	☐
☐	☐	☐	☐	☐	☐	☐
☐	☐	☐	☐	☐	☐	☐
☐	☐	☐	☐	☐	☐	☐
☐	☐	☐	☐	☐	☐	☐
☐	☐	☐	☐	☐	☐	☐
☐	☐	☐	☐	☐	☐	☐
☐	☐	☐	☐	☐	☐	☐
☐	☐	☐	☐	☐	☐	☐
☐	☐	☐	☐	☐	☐	☐
☐	☐	☐	☐	☐	☐	☐
☐	☐	☐	☐	☐	☐	☐
☐	☐	☐	☐	☐	☐	☐
☐	☐	☐	☐	☐	☐	☐
☐	☐	☐	☐	☐	☐	☐
☐	☐	☐	☐	☐	☐	☐
☐	☐	☐	☐	☐	☐	☐
☐	☐	☐	☐	☐	☐	☐

인생을 바꾸는 질문들

월	화	수	목	금	토	일
☐	☐	☐	☐	☐	☐	☐
☐	☐	☐	☐	☐	☐	☐
☐	☐	☐	☐	☐	☐	☐
☐	☐	☐	☐	☐	☐	☐
☐	☐	☐	☐	☐	☐	☐
☐	☐	☐	☐	☐	☐	☐
☐	☐	☐	☐	☐	☐	☐
☐	☐	☐	☐	☐	☐	☐
☐	☐	☐	☐	☐	☐	☐
☐	☐	☐	☐	☐	☐	☐
☐	☐	☐	☐	☐	☐	☐
☐	☐	☐	☐	☐	☐	☐
☐	☐	☐	☐	☐	☐	☐
☐	☐	☐	☐	☐	☐	☐
☐	☐	☐	☐	☐	☐	☐
☐	☐	☐	☐	☐	☐	☐
☐	☐	☐	☐	☐	☐	☐
☐	☐	☐	☐	☐	☐	☐
☐	☐	☐	☐	☐	☐	☐
☐	☐	☐	☐	☐	☐	☐

인생을 바꾸는 질문들

1판 1쇄 인쇄 2022년 11월 24일
1판 1쇄 발행 2022년 12월 1일

지은이 자브리나 플라이슈
옮긴이 배명자
펴낸이 이영혜
펴낸곳 ㈜디자인하우스

책임편집 김선영
디자인 말리북
교정교열 이진아
홍보마케팅 박화인
영업 문상식, 소은주
제작 정현석, 민나영
미디어사업부문장 김은령

출판등록 1977년 8월 19일 제2-208호
주소 서울시 중구 동호로 272
대표전화 02-2275-6151
영업부직통 02-2263-6900
인스타그램 instagram.com/dh_book
홈페이지 designhouse.co.kr

ISBN 978-89-7041-766-0 03300

디자인하우스는 독자 여러분의 소중한 아이디어와 원고 투고를 기다리고 있습니다.
원고가 있는 분은 dhbooks@design.co.kr로 기획 의도와 개요, 연락처 등을 보내 주세요.